Coleção
Reflexões Jurídicas

Coordenadores
Luís Greco
Adriano Teixeira

LUÍS GRECO

PODER DE JULGAR SEM RESPONSABILIDADE DE JULGADOR: A IMPOSSIBILIDADE JURÍDICA DO JUIZ-ROBÔ

Marcial Pons

MADRI | BARCELONA | BUENOS AIRES | SÃO PAULO

Coleção Reflexões Jurídicas
Coordenadores
Luís Greco
Adriano Teixeira

Poder de julgar sem responsabilidade de julgador: a impossibilidade jurídica do juiz-robô

Luís Greco

CIP-Brasil. Catalogação na Publicação
Sindicato Nacional dos Editores de Livros, RJ

G791p

Greco, Luís.
Poder de julgar sem responsabilidade de julgador: a impossibilidade jurídica do juiz-robô / Luís Greco. – São Paulo, SP: Marcial Pons, 2020.
80 p. : 14 x 21 cm

Inclui bibliografia
ISBN 978-65-86696-05-9

1. Direito – Filosofia. I. Título.

CDD 340

www.marcialpons.com.br

Impresso no Brasil

SUMÁRIO

PREFÁCIO

O presente livro compreende uma versão expandida e adaptada para o direito brasileiro das considerações que apresentei pela primeira vez, a convite do professor doutor Yu-Cheol Shin, na Conferência de Juristas de Língua Alemã da Ásia Oriental, ocorrida entre 28 e 31 de agosto de 2019, na Law School da Universidade Estatal Chungnam, em Daejon, Coréia do Sul. Uma versão bastante sintetizada, em língua alemã, está em vias de publicação nos anais dessa conferência; uma versão mais extensa, também em alemão, está a dias de ser publicada na Revista Rechtswissenschaft - Zeitschrift für rechtswissenschaftliche Forschung. Uma versão intermediária deveria ser apresentada em abril de 2020 em Taipei, a convite do professor doutor Chien-Liang Lee, no Institutum Iurisprudentiae da Academia Sinica, o que, em razão da pandemia que no momento nos assola, não veio a ocorrer.

O impulso decisivo para a elaboração do texto de língua portuguesa veio de cinco pessoas, a quem quero registrar minha gratidão: os professores doutores Paulo de Sousa Mendes e Rui Soares Pereira, que organizaram o Workshop Internacional: A Inteligência Artificial Aplicada ao Direito, no dia 20 de fevereiro de 2020, na Faculdade de Direito da Universidade de Lisboa, do qual pude participar, e os professores doutores Draiton Gonzaga de Souza, Fábio Roberto D'Àvila e Ingo Wolfgang Sarlet, que me haviam convidado para apresentar o tema na Pontifícia Universidade Católica do Rio Grande do Sul, em março de 2020. A pandemia acabou por impedir a realização da palestra "analógica" e nos impôs o formato digital, via zoom e youtube, no dia 30 de abril de 2020. Recebi, graças a essa palestra, questionamentos e sugestões de várias pessoas, a quem também agradeço; ainda que não tenha como mencioná-las nominalmente, espero que cada uma delas consiga enxergar que seus impulsos foram levados em consideração no livro que vem a lume.

Sou, por fim, grato à editora Marcial Pons, já há alguns anos meu principal parceiro de caminhada no mundo latino, na pessoa do doutor Marcelo Porciuncula; ao co-coordenador da coleção "Reflexões Jurídicas", o professor doutor Adriano Teixeira, por aceitar a obra em nossa coleção; e ao doutor Alaor Leite, pela ajuda com a correção do manuscrito.

Um adendo: entrego esse livro à editora em momento em que meu pai, o professor doutor Leonardo Greco, há alguns dias luta sedado contra o covid-19 numa unidade de tratamento intensivo no Rio de Janeiro. Meu pai pôde assistir à minha conferência online, há apenas duas semanas; tínhamos planos de que a presente obra ainda fosse por ele revista, o que me teria possibilitado enriquecê-la com as considerações desse jurista cujo modo de enxergar o direito e a vida a marcaram de forma decisiva. Deus queira que eu tenha oportunidade de entregar ao meu pai o livro publicado. Na presente situação, passo a enxergar o trabalho também como um manifesto contra toda e qualquer atitude que reduza vidas humanas a um exercício de contabilidade.

Berlim, 16 de maio de 2020

"Computadores podem tomar decisões jurídicas e formular juízos psiquiátricos. Eles podem jogar cara e coroa de forma muito mais sofisticada que o ser humano mais paciente. O decisivo, contudo, é que *não é correto* relegar a eles tais tarefas."[1]

1. *Weizenbaum*, Die Macht der Computer und die Ohnmacht der Vernunft, Frankfurt a.M., 1978 (citado segundo a 9ª. ed. 1994), p. 299 e s. Sobre esse pioneiro da crítica à tecnologia, que, diante do presente entusiasmo em torno inteligência artificial, merece ser urgentemente revisitado, ver apenas *O. Peters*, Kritiker der Digitalisierung, Frankfurt a.M., 2012, p. 16 e ss., 27: "o primeiro lugar no time de todos os críticos da digitalização".

I.

INTRODUÇÃO

Em 2016, o coreano Lee Sedol, o melhor jogador do milenar jogo de tabuleiro Go, que é cultivado na Ásia como um símbolo da inteligência humana, duelou por cinco longos dias com o programa de computador AlphaGo; o desfecho do embate foi uma vitória da máquina sobre o homem (por 4x1).[2] As minhas reflexões pretendem examinar se os fabulosos avanços da inteligência artificial (IA),[3] que

2. *Tegmark*, Life 3.0. Being Human in the Age of Artificial Intelligence, New York, 2017, p. 86 e ss.; *Eberl*, Smarte Maschinen, 2ª. ed., München, 2018, p. 109; *Ramge*, Mensch und Maschine. Wie Künstliche Intelligenz und Roboter unser Leben verändern, 2ª. ed. Stuttgart, 2018, p. 40; *Du Sautoy*, The Creativity Code, London, 2019, p. 18 e ss.

3. Opto por deixar sem definição o conceito de inteligência artificial; o esforço não guardaria quaquer relação com o que daí se poderia ganhar. Sobre esse conceito, cf. *Misselhorn*, Grundfragen der Maschinenethik, 3ª. ed. Stuttgart, 2019, p. 17 e ss.; em favor de uma breve definição de trabalho *Mainzer*, Künstliche Intelligenz - Wann übernehmen die Maschinen?, 2ª. ed., Berlin, 2018, p. 3: "Um sistema se chama de inteligente quando ele consegue resolver problemas de forma autônoma e eficiente"; cf. ademais *Herberger*, „Künstliche Intelligenz" und Recht, in: Neue Juristische Wochenschrift (= NJW) 2018, p. 2825 e ss.; *Belloso Martín*, Algoritmos predictivos al servicio de la justicia, in: Nunes/Lucon/Wolkart (coords.), Inteligência artificial e direito processual, Salvador, 2020, p. 465 e ss. (475 e ss.); *Nunes/Coelho Marques*, Decisão judicial e inteligência artificial: é possível a automação da fundamentação?, in: Nunes/Lucon/Wolkart (n. 3), p. 551 e ss. (p. 558 e ss.); *Staffler/Jany*, Künstliche Intelligenz und Strafrechtspflege - eine Orientierung, Zeitschrift für Internationale Strafrechtsdogmatik (= ZIS) 2020, p. 164 e ss. O termo IA, assim, significa aquilo que entendemos por esse termo no dia-a-dia. Além disso: "Se nada se pudesse fazer com um conceito

não pararam nem diante de alguns dos mais recônditos setores daquilo que até então era considerado especificamente humano, também poderão, *de uma perspectiva fático-descritiva,* isto é, de *realizabilidade*, alcançar a atividade judicial, e, principalmente, se esses avanços poderão, agora de uma *perspectiva normativo-prescritiva*, vale dizer, de *permissibilidade*, ser implementados. É realizável e é permissível que tenhamos, no futuro, juízes-robôs?

Como se pode extrair já do título do presente trabalho, a minha resposta será, no que diz respeito à permissibilidade, negativa (abaixo, III.). No que diz respeito à realizabilidade, não sou tão pessimista – infelizmente (abaixo, II.).

Parece evidente que o direito não poderá esquivar-se da crescente digitalização ou smartização (portinglês?) que atinge todos os setores de nossas vidas.[4] Já se observa que a IA é utilizada em numerosos âmbitos do direito.[5] Para os juristas alemães, os bancos de dados algorítmicos Juris e BeckOnline são como que o pão de cada dia. O advogado-robô começa a estabelecer-se, fenômemo que se discute sob o termo Legal Tech.[6] Também a administração pública está tornando-se digital;[7] um importante ponto de cristalização dessa

antes de defini-lo, seria muito difícil filosofar" (*Kant*, Kritik der reinen Vernunft, 1780, A 731/B 759, nota de rodapé).

4. *Brynjolfsson/McAfee*, The Second Machine Age, New York, 2016; *Tegmark* (n. 2), p. 82 e ss.; *Eberl* (n. 2); *Dräger/Müller-Eiselt*, Wir und die intelligenten Maschinen, München, 2019; cf. ademais o impressionante prólogo de *Domingos*, The Master Algorithm, New York, 2015, p. XI e ss., no qual é descrito em que intensidade o nosso cotidiano já é marcado por máquinas que aprendem.

5. Panorama: *Enders*, Einsatz künstlicher Intelligenz bei der juristischen Entscheidungsfindung, in: Juristische Arbeitsblätter (= JA) 2018, p. 721 e ss. (722 e s.); *Fries*, Automatische Rechtspflege, in: Rechtswissenschaft (= RW) 2018, p. 414 e ss. (418 e ss.); *Morais da Rosa*, A questão digital: o impacto da inteligência artificial no Direito, in: Revista de Direito da Faculdade Guanambi, vol. 6, n. 2, e259 (2019), p. 1 e ss. Uma primeira tentativa, na qual os esforços modernos parecem não mais se basear, em *Haft/Lehmann* (coords.), Das LEX-Projekt. Entwicklung eines Expertensystems, Tübingen, 1989; sobre outras tentativas pioneiras cf. *Sousa Mendes*, Representation of Legal Knowledge and Expert Systems in Law, in: Livro em Homenagem a Amilcar Sernadas, Lisboa, 2020, p. 23 e ss.

6. Quanto a isso, em geral, *Ramge* (n. 2), p. 60 e ss.; de uma perspectiva jurídica, *Hartung/Bues/Halbleib* (coords.), Legal Tech, München, 2017; *Breidenbach/Glatz* (coords.), Rechtshandbuch Legal Tech, München, 2018; *J. Wagner*, Legal Tech und Legal Robots, Berlin, 2018.

7. Panorama atual: *Bull*, Über die Pläne zur flächendeckenden Technisierung der

tendência é a recente introdução do ato administrativo completamente automatizado na Lei alemã do Procedimento Administrativo (§ 35a Verwaltungsverfahrensgesetz).[8] A decisão judicial, contudo, permanece reservada a seres humanos - ao menos por enquanto.

Tal estado de coisas talvez esteja a ponto de mudar. Em vários países já se delineiam indícios no sentido de que o progresso da IA não respeitará essa barreira. Na Estônia, há planos bastante concretos no sentido de empregar IA na justiça: decisões sobre multas por estacionar em local proibido, pensões alimentícias no valor de até 400 € ou litígios civis no valor de até 7.000 € deverão, em um futuro próximo, ser tomadas, em primeira instância, por máquinas.[9] Nos EUA, o programa COMPAS (Correctional Offender Management Profiling for Alternative Sanctions) já é utilizado em vários estados da federação para decidir sobre o prognóstico de periculosidade, o qual releva para numerosas decisões relativas à execução e ao cumprimento da pena.[10] Na Alemanha, a editora Beck oferece em

öffentlichen Verwaltung, in: CR (= Computer und Recht) 2019, p. 477 e ss. (contra uma extensão a processo judiciais, p. 483).

8. Introduzido pela "Lei da Modernização do Procedimento Tributário" de 18.7.2016 (BGBl. I p. 1679); a respeito *Martini/Nink*, Wenn Maschinen entscheiden. Persönlichkeitsschutz in vollautomatisierten Verwaltungsverfahren, in: Neue Zeischrift für Verwaltungsrecht (= NVwZ) 2017, p. 681 e ss.; *Berger*, Der automatisierte Verwaltungsakt, in: NVwZ 2018, p. 1260 e ss.

9. Cf. apenas *Niiler*, Can AI Be a Fair Judge in Court? Estonia Thinks So, in: https://www.wired.com/story/can-ai-be-fair-judge-court-estonia-thinks-so/, de 25.3.2019; e a notícia "Estland: Roboter als Richter", in: https://www.mdr.de/nachrichten/osteuropa/land-leute/estland-interview-ki-100.html, de 26.4.2019. Todas as páginas de internet citadas foram acessadas na data do prefácio.

10. A respeito *Dräger/Müller-Eiselt* (n. 4), p. 18 e s.; *Gless/Wohlers*, Subsumtionsautomat 2.0: Künstliche Intelligenz statt menschlicher Richter?, in: FS Kindhäuser, Baden Baden, 2019, p. 147 e ss. (154 e s.); *Höffler*, Die Herausforderungen der globalisierten Kriminalität an die Kriminologie - am Beispiel Risikoprognosen, in: Dessecker/Harrendorf/Höffler (coords.), Angewandte Kriminologie - justizbezogene Forschung, Göttingen, 2019, p. 51 e ss. (58 e ss.); *Medeiros*, Uso de inteligência artificial no processo de tomada de decisões jurisdicionais, in: Nunes/Lucon/Wolkart (n. 3), p. 591 e ss. (p. 613 e ss.); cf. ademais *Staffler/Jany*, ZIS 2020, 171 e ss., que fazem referência a um segundo programa, o "PSA - Public Safety Assessment". O uso do programa COMPAS foi confirmado como não-violador de direito subjetivo pela Supreme Court of Wisconsin, State v. Loomis, 881 N.W.2d 749 (Wis. 2016) (síntese em Harvard Law Review 130 [2017], 1530 e ss.). Cf. também *Berk/Bleich*, Statistical Procedures for Forecasting Criminal Behavior: A Comparative Assessment, in: Criminology & Public Policy 12/3 (2013), p. 513 e ss. Uma proposta no sentido de decisões de dosimetria da

seu portal a possibilidade de realizar "Cálculos Online de Direito de Família" (Familienrechtliche Berechnungen Online) e "Cálculos Online de Direito Sucessório" (Erbrechtliche Berechnungen Online), cujos resultados, dizem alguns, são aceitos pelos juízes sem qualquer análise crítica.[11] E, no Brasil, muito se fala, mas pouco se conhece, do sistema Victor, que parece estar em processo de desenvolvimento pelo Supremo Tribunal Federal, em parceria com a Universidade de Brasília, e que tem por finalidade inicial "ler todos os recursos extraordinários que sobem para o STF e identificar quais estão vinculados a determinados temas de repercussão geral".[12] Há também anúncio de que o STJ introduzirá um programa similar, de nome Sócrates.[13] A justiça brasileira parece estar valendo-se de juízes-robôs em numerosos contextos,[14] e o CNJ está impulsionando esse desenvolvimento.[15] *Rosa* e *Guasque* dão notícia de que "em novembro de 2018, em sessão inédita, a 8ª Câmara Cível do Tribunal de Justiça de Minas Gerais julgou 280 processos com apenas um click do computador".[16]

A pergunta a que quero dedicar as presentes reflexões é se essas tendências representam um caminho em que devemos continuar a seguir. Cuidarei, entretanto, apenas de uma das dimensões da atividade

pena apoiadas em inteligência artificial é feita na Alemanha por *Rostalski/Völkening*, Smart Sentencing, in: Kriminalpolitische Zeitschrift (= KriPoZ) 2019, p. 265 e ss. (271 e ss.).

11. Isso é afirmado por *Fries*, RW 2018, 422.

12. Retiro essa descrição de "Notícias STF: Inteligência artificial vai agilizar a tramitação de processos no STF", de 30 de maio de 2018, em: http://www.stf.jus.br/portal/cms/verNoticiaDetalhe.asp?idConteudo=380038. Cf. também *Maia Filho/Junquilho*, Projeto Victor: Perspectivas de aplicação da inteligência artificial ao Direito, in: Revista de Direitos e Garantias Fundamentais, Faculdade de Direito de Vitória, v. 19, n. 3 (2018), p. 219 e ss.

13. Cf. "Projeto-piloto do Sócrates, programa de inteligência artificial do STJ, é esperado para agosto", de 6 de abril de 2019, in: https://www.migalhas.com.br/quentes/299820/projeto-piloto-do-socrates-programa-de-inteligencia-artificial-do-stj-e-esperado-para-agosto. Cf. a respeito *Morais da Rosa/Guasque*, O avanço da disrupção nos tribunais brasileiros, in: Nunes/Lucon/Wolkart (n. 3), p. 65 e ss. (p. 76 e ss.); *Paolinelli/Antônio*, Dilemas processuais do século XXI: Entre os cérebos eletrônicos e a implementação de garantias processuais, in: Nunes/Lucon/Wolkart (n. 3), p. 287 e ss. (p. 296).

14. *Rosa/Guasque* (n. 13), p. 68 e ss.

15. Cf. *Paolinelli/Antônio* (n. 13), p. 295.

16. *Rosa/Guasque* (n. 13), p. 73.

do juiz, que é a relativa à chamada questão de direito, deixando de lado a questão de fato, atinente à prova.[17] O melhor seria imaginar a situação em que todas as questões de fato estão de antemão resolvidas (até porque talvez nem estejamos tão distantes do futuro distópico em que tudo o que historicamente ocorreu será comprovável com total segurança).

Refletirei, assim, sobre a realizabilidade e a permissibilidade de perseguir nesse caminho, até o ponto em que o computador decida sozinho, de forma que se torne dispensável o juiz biológico, baseado em carbono, e se tenha apenas o juiz-máquina, composto por um código algorítmico.

17. A esse respeito, *Sousa Mendes,* A representação do conhecimento jurídico, inteligência artificial e os sistemas de apoio à decisão jurídica, in: Lopes Rocha/Soares Pereira (coords.), Inteligência artificial e direito, Lisboa, 2020, p. 51 e ss. (60 e ss.); no mesmo volume, *Soares Pereira*, Inteligência artificial e modelos de prova, p. 65 e ss., e *Marques Martins*, Inteligência artificial e utilização de redes bayesianas na construção de argumentos probatórios, p. 77 e ss.

II.

A QUESTÃO DA REALIZABILIDADE: SERÁ O JUIZ-ROBÔ POSSÍVEL, NO SENTIDO FÁTICO-DESCRITIVO?

1. Observações iniciais

Pode-se já ab initio questionar se faz sentido que um jurista, cuja experiência com a tecnologia se reduz ao manuseio de programas de edição de texto e de navegação na rede mundial de computadores, pergunte sobre a possibilidade fática de construir o juiz-robô. A isso replico que, ainda que o problema da realizabilidade apresente natureza predominantemente técnica, essa dimensão não o esgota. Afinal, o primeiro passo no sentido de uma resolução desse problema consiste no esclarecimento de uma subquestão de natureza não mais técnica, e sim normativa, qual seja, a da *finalidade* que deve ser obtida ou promovida por meio do uso da técnica (abaixo, 2.).

Apenas depois de fixado esse ponto de referência, poder-se-á discutir sobre os caminhos que, de uma perspectiva fática, apresentam-se como idôneos para a realização dessa finalidade. Nesse momento, é verdade, é o programador quem assume o protagonismo. Ainda assim, posso, como jurista, questionar se a finalidade não será, por alguma razão ligada a ela ou ao meio que se quer empregar para atingi-la, *de antemão irrealizável* – da mesma forma que não é preciso ser engenheiro automobilístisco para saber que uma bicicleta não é um meio idôneo para ir de Berlim ao Rio de Janeiro (abaixo, 3.).

2. A finalidade: boas decisões judiciais

Creio poder contar com a concordância de meus leitores ao propor como a finalidade que nossos juízes-robôs têm de realizar ou promover a de produzir *boas decisões judiciais*. Conto com esse consenso também pelo fato de que essa finalidade é quase de todo vazia de conteúdo, em boa parte tautológica. Parecem-me, ainda assim, cabíveis algumas precisões.

a) Decisão judicial

A pergunta quanto ao robô-juiz só faz sentido se ainda se puder designar o resultado daquilo que faz o programa de uma decisão judicial. O conceito de decisão judicial pressuposto na pergunta tem, portanto, de abstrair do ser humano. Por decisão judicial compreender-se-á aqui um *ato que, se fosse praticado por um ser humano, receberia sem reservas essa qualificação*.

b) Boa decisão

aa) É um tanto mais difícil dar algum conteúdo à segunda componente de minha proposta quase de todo vazia, isto é, ao predicado qualificador “bom”. Novamente, é a pergunta de que aqui nos ocupamos que tem de servir de parâmetro: podemos qualificar uma decisão judicial resultante de um programa de “boa”, nas hipóteses em que não hesitaríamos em usar esse predicado, caso a decisão tivesse sido tomada por um ser humano.

bb) Com isso, a pergunta passa a ser: quando chamamos de *boa* uma *decisão tomada por um ser humano*? Essa pergunta permite, dito de maneira um tanto simplificada, uma resposta pretensiosa e uma resposta modesta.

(1) A *resposta pretensiosa* conecta a qualidade da decisão a uma teoria substancial de justiça. Decisão boa seria a decisão justa, segundo um ideal de justiça que se considera correto. Uma vez que uma definição nesses moldes tem o potencial de negar a qualidade

de boa a tudo aquilo que os seres humanos atualmente fazem, ela se mostra pouco útil para nossos propósitos.

(2) Será provavelmente mais adequada, assim, uma *resposta modesta*, que se mantém minimalista no que diz respeito ao conteúdo e se contenta em propor uma estrutura, com base na qual se tornará possível impor alguma ordem à ulterior discussão.

(a) O *conteúdo mínimo* se revela, primeiramente, ex negativo: a qualidade de uma decisão judicial é algo que *não é definido apenas com base em critérios quantitativos*. Qualificamos como boas decisões não só porque elas são tomadas com rapidez ou redigidas de forma sucinta. Ainda que uma decisão tardia ou prolixa sempre seja, ceteris paribus, ruim, ainda que tenhamos, no Brasil, um sério problema relativo à quantidade de processos,[18] isso não significa que a boa qualidade de uma decisão se esgote em velocidade e concisão.

Se nos esforçarmos no sentido de uma descrição em termos positivos da finalidade de que aqui se cuida, parecerá útil recorrer a algo que se poderia chamar de um *Teste de Turing jurídico*.[19] O Teste de Turing original foi concebido por um dos pioneiros da inteligência artificial, o matemático inglês *Alan Turing*, como resposta à pergunta quanto a se máquinas conseguiriam pensar.[20] Ele chamou seu teste de o "jogo da imitação". Desse jogo deveriam participar uma máquina e um ser humano, como sujeitos do teste, e um segundo ser humano, que faria o papel do interrogador. Os três - primeiro humano, máquina e humano interrogador - conversariam por escrito. A tarefa do interrogador seria reconhecer quem dos seus outros dois interlocutores é o ser humano e quem é a máquina. A máquina que se mostrar capaz de enganar o interrogador, fazendo-o supor que

18. Cf. *Rosa/Guasque* (n. 13), p. 67: "Temos um Poder Judiciário excessivamente caro, congestionado e moroso", e também *Silva Oliveira*, Direito, lógica e inteligência artificial: por quê, como e em que medida automatizar a solução judicial de conflitos no Brasil, Tese de Doutorado UFPE, Recife, 2019, p. 32 e ss., ambos com números impressionantes.

19. O conceito também é proposto por *Valentini*, Julgamento por computadores?, Tese de Doutorado UFMG, Belo Horizont, 2017, p. 103 e.; *idem*, Para além do teste de turing jurídico?, in: Nunes/Lucon/Wolkart (n. 3), p. 533 e ss.

20. *Turing*, Computing Machinery and Intelligence, in: Mind vol. LIX, nº. 236 (1950), p. 433 e ss.; cf. sobre o teste também *Warwick*, Artificial Intelligence. The Basics, London/New York, 2012, p. 76 e ss.; *Ramge* (n. 2), p. 29 e ss.

ela é humana, passará no teste (e poderá sentir-se orgulhosa disso, afinal: ela pensa!). A partir disso, podemos afirmar que a finalidade a ser alcançada por nossas decisões judiciais tomadas por máquinas é, primeiramente, que se trate de decisões que *não possam mais ser diferenciadas daquelas tomadas por seres humanos*;[21] e, principalmente, de *decisões que não teríamos dificuldade em qualificar de boas, se elas tivessem sido tomadas por um ser humano*.

O Teste de Turing jurídico aqui proposto deixa claro também que nosso questionamento se contenta com uma *qualidade relativa ou comparativa da decisão*. Nosso primeiro interesse é saber se o juiz robô é faticamente possível; não faria sentido declará-lo impossível por exigências que tampouco conseguem ser cumpridas pelos juízes humanos. Isso não significa, obviamente, que a nossa definição modesta opere como teto; seria evidentemente desejável que as máquinas decidissem até melhor que os seres humanos, isto é, que elas paulatinamente evoluíssem no sentido de uma qualidade entendida de forma pretensiosa ou substancial (acima, [1]).[22] A pergunta quanto à decisão boa, em sentido ideal, pode, entretanto, ser agora deixada de lado, para que possamos nos concentrar na pergunta mais urgente quanto a se o juiz-robô não é uma ameaça de piora do nível de qualidade que já hoje alcançamos.

(b) A qualidade pode também ser, por assim dizer, *estruturada*, ou seja, localizada ou fixada em diferentes pontos da decisão. Quer me parecer que chamamos de boas as decisões que apresentam bom *resultado* e boa *fundamentação*. Isso se reconhece principalmente na atividade muito difundida, mais na Alemanha do que no Brasil, de publicar comentários a decisões judiciais: esses comentários ou concordam com a decisão por inteiro, ou (mais comumente) apenas no que diz respeito à conclusão, ou (com menor frequência) apenas no que respeito à fundamentação. Uma boa decisão judicial produzida por um robô será, então, aquela que, se tivesse sido tomada por um ser humano, seria entendida como *boa tanto no que atine ao resultado*, *quanto no que atine à fundamentação*.

21. Cf. também *Adrian*, Der Richterautomat ist möglich, in: Rechtstheorie 48 (2017), p. 77 e ss. (80 e s.).

22. Vide ademais *Wischmeyer*, Regulierung intelligenter Systeme, in: Archiv des öffentlichen Rechts (= AöR) 143 (2018), p. 1 e ss. (45).

3. Finalidade irrealizável já de antemão?

A estrutura que se acaba de expor, que diferencia duas dimensões da qualidade de uma decisão judicial - uma referida ao resultado, outra referida à fundamentação - permite ordenar a reflexão crítica que agora desenvolveremos. A finalidade pode ser inatingível porque o juiz-robô seria incapaz de produzir bons resultados (abaixo, a]), ou porque as fundamentações por ele produzidas nunca teriam como atender às nossas exigências de qualidade (abaixo, b]).

O fato de que não seja possível excluir que, *em casos individuais*, o resultado ou a fundamentação seja errônea, não é razão para duvidar da realizabilidade desse fim. Afinal, não é irracional atuar já quando inexiste certeza de que se atingirá, em todos os casos, o objetivo almejado.[23] Recorde-se, também, a natureza comparativa da nossa exigência de qualidade de uma decisão judicial (acima, II. 2. b] bb] [2] [a]): tampouco com juízes humanos é possível excluir erros em todos os casos individuais, e essa é a razão pela qual o sistema jurídico conhece a figura dos chamados recursos.

O ponto em que isso deixa de ser o caso, isto é, o ponto em que erros em casos individuais comprometem já de antemão a finalidade que se almeja, é de difícil determinação. O limiar crítico pode considerar-se, de toda forma, ultrapassado no momento em que os erros são até mesmo *provocados pela tecnologia*. Afinal, nesses casos é plausível suspeitar que o erro não teria sido cometido por seres humanos. Com base em nosso parâmetro comparativo, pode-se afirmar que, nesses casos, a automatização provocaria até mesmo uma piora da decisão judicial. É essa piora que me parece mais urgente prevenir.

a) Resultados ruins?

Podemos, assim, perguntar se a finalidade almejada, a de obter boas decisões judiciais, é tão inatingível para o juiz-robô quanto o Rio de Janeiro para o ciclista berlinense. Isso se dará caso os resultados a que chegam os robôs forem eivados de erros provocados pela tec-

23. *Greco*, Lebendiges und Totes in Feuerbachs Straftheorie, Berlin, 2009, p. 372 e ss. (= Lo vivo y lo muerto en la teoría de la pena de Feuerbach, trad. Dropulich/ Béguelin, Madrid, 2015, p 294 e s.).

nologia. Na incipiente discussão a respeito da temática formulam-se duas objeções justamente a esse respeito.

aa) Computadores são incapazes valorar?

(1) A primeira objeção é de natureza técnica, mas apresenta também alguns elementos adicionais, dos quais se cuidará abaixo, III. 2. Com base em um exemplo: No direito, não se cuida apenas da pergunta quanto a se A completou o sétimo (§ 104 Nr. 1 Bürgerliches Gesetzbuch = BGB, Código Civil alemão) ou o décimo sexto (art. 3º caput CC) ano de vida, mas também quanto a se existe ou não uma "perturbação não-transitória da atividade mental" (§ 104 Nr. 2 BGB) ou de uma "causa transitória ou permanente" que o impeça de "exprimir sua vontade" (art. 4º III CC). O segundo grupo de questões exige mais do que matemática, lógica e conhecimento empírico.

Noutras palavras: A resposta a muitas questões de direito dependeria de *valorações*, que estariam além das capacidades de um computador.[24] A aplicação do direito iria além da dedução e subsunção; o aplicador do direito sempre se valeria de "critérios suaves de decisão",[25] da intuição, da prudência ou do juízo, isto é, de um saber implícito[26] ou mesmo do inconsciente,[27] o que estaria além dos

24. *Hoffmann-Riem*, Verhaltenssteuerung durch Algorithmen, in: AöR 142 (2017), p. 1 e ss. (27 e s.); *P. Enders*, JA 2018, p. 725; *Hähnchen/Bommel*, Digitalisierung und Rechtsanwendung, in: Juristenzeitung (= JZ) 2018, p. 335 e ss. (338, 340); *Gless/Wohlers*, FS Kindhäuser, p. 156 e ss.; *Gabellini*, La "comodità nel giudicare": la decisione robotica, in: Rivista Trismestrale di Diritto e Procedura Civile (= RTDPC) 73 (2019), p. 1305 e ss. (1319); *Staffler/Jany*, ZIS 2020, p. 170. Uma objeção similar é desenvolvida por *Kotsoglu*, Subsumtionsautomat 2.0. Über die (Un-)Möglichkeit einer Algorithmisierung der Rechtserzeugung, JZ 2014, p. 451 e ss., contra a tentativa de *Raabe/Wacker/Oberle/Baumann/Funk*, Recht ex machina, Berlin/Heidelberg, 2012 de formalizar a aplicação do direito. Cf. também, ainda que com certa hesitação, *Araújo*, Inteligência artificial e possibilidades de emulação do raciocínio jurídico, in: Lopes Rocha/Soares Pereira (n. 17), p. 37 e ss. (p. 43 e ss.); e *Streck*, Robôs podem julgar? Qual é o limite da Itech-cracia?, in: ConJur de 14 de maio de 2020, https://www.conjur.com.br/2020-mai-14/senso-incomum-robos-podem-julgar-qual-limite-itech-cracia, diferenciando a mera "informação" do verdadeiro "conhecimento".

25. Nesse sentido *Hoffmann-Riem*, AöR 142 (2017), p. 1 e ss. (30; hesitante); *Enders*, JA 2018, p. 725.

26. Sem referência ao direito *Weizenbaum* (n. 1), p. 104 e s.

27. *Weizenbaum* (n. 1), p. 295.

horizontes de qualquer máquina. O robô seria especialmente insensível para o contexto cultural, que faz com que, a depender do lugar em que os litigantes se encontram, o conflito seja resolvido de forma completamente distinta,[28] e para casos atípicos, que oferecem uma ocasião para introduzir uma nova figura jurídica ou proceder a uma mudança de entendimento.[29]

(2) Por mais plausível que ela soe, a objeção não prospera. Ela se baseia em uma visão ultrapassada do computador (abaixo, [a]). Quando esse primeiro erro for corrigido, torna-se manifesto que à objeção também subjaz um segundo erro, qual seja, uma visão demasiado idealizada do juiz humano (abaixo, [b]).

(a) Há muito que *computadores* deixaram de ser meras "calculadoras". Enquanto a histórica vitória do programa DeepBlue sobre o campeão mundial de xadrez Gary Kasparov foi o resultado daquilo que os informáticos chamam de força bruta, isto é, da capacidade de processamento de uma máquina que, com velocidade sobre-humana, consegue calcular as implicações de milhares de possíveis movimentos de peças de xadrez, construindo longas árvores de decisão,[30] o novo programa AlphaGo,[31] mencionado ao início de minhas reflexões, baseia-se numa arquitetura de todo diversa: no chamado deep learning

28. Agora explicitamente sobre o diferente estilo de juízes americanos e japoneses *Weizenbaum* (n. 1), p. 298 e s.; *idem*, Computermacht und Gesellschaft, Frankfurt a.M., 2001, p. 11 e s.

29. *Fries*, RW 2018, 425; *Gless/Wohlers*, FS Kindhäuser, p. 160 e s.

30. Sobre o DeepBlue *Nilsson*, The Quest for Artificial Intelligence, Oxford, 2010, p. 481 e ss.; *Ramge* (n. 2), p. 39; e o relato do próprio *Kasparov*, Deep Thinking, London, 2017, principalmente p. 73 e ss. Sobre árvores decisórias *Nilsson*, ebda., p. 402 e ss.; *Domingos* (n. 4), p. 85 e ss.; *Alpaydin*, Machine Learning, Cambridge, Massachussets/London, 2016, p. 77 e ss.; *Kelleher/Tierney*, Data Science, Cambridge, Massachussets/London, 2018, p. 136 e ss

31. Cf. o artigo técnico de *Silver et alii*, Mastering the game of Go with deep neural networks and tree search, in: Nature vol. 529 (2016), p. 484 e ss.; sobre o programa AlphaGo também *Kelleher/Tierney* (n. 30), p. 31 e ss.; *Tegmark* (n. 2), p. 83 e ss. AlphaGo foi, como sempre nesse setor, um cume provisório; nesse meio tempo, seus criadores desenvolveram o AlphaGo Zero, que aprendeu o jogo Go e uma série de outros jogos completamente sozinho, sem que um ser humano lhe tivesse de ensinar qualquer regra, cf. *Silver et alii*, Mastering the game of Go without human knowledge, in: Nature vol. 550 (2017), p. 354 e ss.; *Silver et alii*, Mastering Chess and Shogi by Self-Play with a General Reinforcement Learning Algorithm, arXiv:1712.01815v1 [cs.AI] 5 Dec 2017; cf. ademais *Kasparov* (n. 30), p. 265 e s.

com base em redes neuronais (neural networks).[32] Não parece indicado que nos detenhamos nos detalhes técnicos dessa estrutura; basta, para nossos fins, relevar a sua ideia central, que é a tentativa, inspirada na biologia, de reproduzir os resultados precisamente do funcionamento de nosso pensamento intuitivo, daquilo que *Kahnemann* chamou do pensamento segundo o sistema 1.[33] Isso significa, principalmente, que o programa opera de baixo para cima, bottom-up, e não mais, como no caso de DeepBlue, de cima para baixo.[34] AlphaGo não aprendeu a jogar memorizando regras e recalculando o valor de cada possível movimento a partir do manuseio dessas regras, e sim jogando incontáveis vezes contra si mesmo; a cada jogo, o programa aprendia algo mais sobre possíveis movimentos dentro de possíveis situações.[35] Com isso, afirma-se que a máquina teria desenvolvido capacidades que poderiam ser chamadas de intuição, juízo ou até mesmo criatividade, que se manifestaram especialmente no famoso movimento 37 da segunda partida contra Lee Sedol.[36] Uma ulterior prova das capacidades já realizadas por nossos computadores é a existência das primeiras obras de arte geradas pela própria inteligência artificial.[37]

32. De forma compreensível também para leitores não-técnicos *Nilsson* (n. 30), p. 408 e ss.; *Warwick* (n. 20), p. 92 e ss.; *Alpaydin* (n. 30), p. 86 e ss.; *Kelleher/Tierney* (n. 30), p. 121 e ss.; *Eberl* (n. 2), p. 99 e ss.; *Ramge* (n. 2), p. 46 e ss.; *Sejnowski*, The Deep Learning Revolution, Cambridge, Massachussets/London, 2018; de uma perspectiva técnica *Schmidhuber*, Deep learning in neural networks: An Overview, in: Neural Networks 61 (2015), p. 85 ss.; *Mainzer* (n. 3), p. 99 e ss. e *Aggarwal*, Neural Networks and Deep Learning: A Textbook, New York, 2018. Sobre o machine learning, em geral, *Jordan/Mitchell*, Machine Learning: Trends, Perspectives, and Prospects, in: Science vol. 349, fasc. 6245 (2015), p. 255 e ss.; de uma perspectiva jurídica *Surden*, Machine Learning and Law, in: Washington Law Review 89 (2014), p. 87 e ss.; *European Commission for the Efficiency of Justice (CEPEJ)*, European ethical Charter on the use of Artificial Intelligence in judicial systems and their environment, Strasbourg, 2019, p. 35 e ss.; e – décadas atrás! – *Philipps*, Naheliegende Anwendungen neuronaler Netzte in der Rechtswissenschaft, Jur PC 11-12/1990, p. 820 e ss.

33. *Kahnemann*, Thinking, Fast and Slow, London, 2011, p. 20 e passim.

34. *Du Sautoy* (n. 2), p. 67 e ss.

35. *Ramge* (n. 2), p. 49.

36. *Tegmark* (n. 2), p. 88 e s.; *Du Sautoy* (n. 2), p. 34 e s., 219 e s.

37. Quanto a isso *Volland*, Die kreative Macht der Maschinen, Weinheim, 2018, p. 12 ("O novo Rembrandt"), p. 27 e ss.; *Du Sautoy* (n. 2), p. 126 e ss. ("The Next Rembrandt"), 195 e ss. ("Emmy" como compositor-robô); já em 1999 *Kurzweil*, The Age of Spiritual Machines, New York, 1999, p. 158 e ss., com exemplos de música, poesia e pintura. Sobre a pergunta quanto a se sequer se pode usar o termo "arte"

Inexiste, assim, qualquer base para excluir já de antemão que uma máquina possa aprender aquilo que os juristas chamam de valorar. Isso poderia ser feito, parece-me, por meio do procedimento da chamada aprendizagem supervisionada (supervised learning):[38] numa primeira rodada, chamada de rodada de treinamento, o programa seria alimentado com uma boa quantidade de decisões tomadas por seres humanos (essas decisões configurariam o chamado "training set", conjunto de treinamento). Numa segunda rodada, de controle, verificar-se-ia se as decisões tomadas pela máquina correspondem àquelas tomadas pelos juristas em um segundo contingente de decisões (o qual configura o que se chama de "validation set", conjunto de validação), noutras palavras, se a máquina consegue "predizer" (predict) essas decisões.[39] O terceiro passo consistiria em "liberar" o algoritmo a casos ainda não decididos e observar o seu comportamento. São, em linhas gerais, esses os princípios por trás do funcionamento de nossos filtros de spam[40] e dos softwares que reconhecem linguagem falada,[41] imagens[42] ou fraudes com cartões de crédito.[43] Os erros que seguramente ainda seriam cometidos, que teriam de ser corrigíveis por seres humanas em via recursal, serviriam de nova matéria prima para a melhoria da aprendizagem, da mesma forma que nosso filtro de spam ou nosso software de reconhecimento de linguagem falada vão progressivamente

Weizenbaum (n. 28), p. 98 e ss.; *idem,* in: Weizenbaum/Haefner, Sind Computer die besseren Menschen? Ein Streitgespräch, Zürich, 1990, p. 86 e s.

38. *Jordan/Mitchell* (n. 32), 257; *Alpaydin* (n. 30), p. 38 e ss.; *Kelleher/Tierney* (n. 30), p. 99 e ss.; *Ramge* (n. 2), p. 48 e s.

39. Sobre o uso do termo "prediction" *Kelleher/Tierney* (n. 30), p. 104 e s.: "Prediction is the task of estimating the value of a target attribute for a given instance based on the values of other attributes (or input attributes) for that instance." Cf. também *Alpaydin* (n. 30), p. 39. O termo não significa, assim, prever as decisões no sentido de um Legal Realism (a esse respeito, com referências *Surden*, Washington Law Review 89 [2014], p. 102, 108 e ss.; *Frese*, Recht im zweiten Maschinenzeitalter, in: NJW 2015, p. 2090 e ss. [2092]; *Bues*, Artificial Intelligence im Recht, in: Hartung/Bues/Halbleib [n. 6], p. 275 e ss. [280; nm. 1183 e s.]), e sim tomar essas decisões. Sobre a distinção entre training set e validation set *Kelleher/Tierney* (n. 30), p. 147; *Domingos* (n. 4), p. 75 e ss.; *Alpaydin* (n. 30), p. 155.

40. *Kelleher/Tierney* (n. 30), p. 99, 104 e s.; descrição detalhada, escrita para juristas, em *Surden*, Washington Law Review 89 (2014), p. 90 e ss.; vide também *Domingos* (n. 4), p. 151 e s. (que descreve outra arquitetura, chamada naive-bayes).

41. *Alpaydin* (n. 30), p. 67 e s.; *Kelleher/Tierney* (n. 30), p. 33.

42. *Eberl* (n. 2), p. 103 e ss.

43. *Jordan/Mitchell* (n. 32), 255.

melhorando, quanto mais os utilizamos e os corrigimos. Já existem primeiros esforços no sentido de projetar algoritmos jurídicos com base nessas tecnologias de aprendizagem de máquina.[44]

Parece-me que nem mesmo aquilo que a metodologia jurídica alemã chama de *Rechtsfortbildung*, e que traduzirei de forma grosseira como *inovação jurídica praeter legem*, tem de estar aquém das capacidades do computador.[45] A objeção de que o computador nunca seria capaz de criar algo verdadeira e autenticamente novo[46] seria grave, se se cuidasse de arte, mas não quando se trata do direito. Nenhuma boa inovação jurídica praeter legem é algo verdadeira e autenticamente novo; ela sempre consistirá em que se extraiam, para um setor em que isso ainda não havia sido feito, conclusões de premissas já reconhecidas em outro setor do ordenamento jurídico.[47]

Ocorre que, como tudo no âmbito da inteligência artificial, o diabo está nos detalhes. O quão difícil se mostrará a realização da tarefa descrita, só o programador saberá responder. Da perspectiva de um leigo coloca-se principalmente a pergunta quanto a se o volume de dados existentes é suficiente para possibilitar a aprendizagem que acabo de descrever.[48] Por exemplo, ainda que existam mais de 100

44. Menciono apenas *Ashley*, Artificial Intelligence and Legal Analytics, Cambridge, 2017, p. 234 e ss., com várias outras referências; *CEPEJ* (n. 32), p. 41 e ss.; a respeito *Staffler/Jany*, ZIS 2020, p. 172 e ss.; *Gabellini*, RTDPC 73 (2019), 1321 e ss.; *Belloso Martín* (n. 3), p. 479 e ss. ; e, no Brasil, com metodologias próprias, *Mendes/Morais da Rosa/Otacílio da Rosa*, Testando a Methodology Multicriteria Decision Aid - Constructivist (MCDA-C) na construção de algoritmos de apoio à estabilidade das decisões judiciais, in: Revista Brasileira de Direito/Passo Fundo, vol. 15, n. 2 (2019), p. 281 e ss.; *Silva Oliveira* (n. 18), p. 41 e ss., 94 e ss. (baseado na chamada Inteligência Artificial Simbólica).

45. Sobre as dificuldades de tradução desse termo já *Greco*, Bernd Schünemann, Penalista e Professor, in: Schünemann, Estudos de direito penal, direito processual penal e filosofia do direito, São Paulo etc., 2013, p. 5 e ss. (p. 21 e s.).

46. *Weizenbaum* (n. 37), p. 88; *Welzer*, Die smarte Diktatur, 2ª. ed., Frankfurt a.M. 2018, p. 142 e ss.

47. Cf., em profundidade - da literatura metodológica mais antiga - apenas *Larenz*, Wegweiser zu richterlicher Rechtsschöpfung, FS Nikisch, 1958, p. 275 e ss. (281 e ss.); *idem*, Richterliche Rechtsfortbildung als methodisches Problem, in: NJW 1965, p. 1 e ss. (3); da literatura atual *T. Möllers*, Juristische Methodenlehre, München, 2017, § 13 nm. 1 e ss.

48. Outras reservas - em especial quanto a como se daria o aprendizado em situações de controvérsias entre tribunais ou entre a jurisprudência e a doutrina - são levantadas por *Enders*, JA 2018, p. 725 e s.

decisões do Bundesgerichtshof (BGH), o tribunal alemão equivalente ao nosso STJ, sobre o dolo eventual de matar,[49] tais números parecem irrisórios se comparados aos bilhões de e-mails, de que se valem Microsoft, Yahoo e Google para treinar os filtros de spam que nos disponibilizam. Há, contudo, princípios arquitetônicos para tentativas de aprender com base em volumes de dados de ordem inferior: eu menciono apenas o algoritmo do vizinho mais próximo (*nearest neighbor-algorithm)*, que anima os sistemas de recomendação que nós conhecemos da Amazon ou do Spotify.[50] Além disso, tampouco os algoritmos que aprendem a pintar como Rembrandt ou a compor como Bach aprendem com base em um conjunto aproximadamente infinito de dados.[51] Também as primeiras tentativas de ensinar à máquina o raciocínio moral partem de um conjunto inicial de dados bastante restrito.[52] Uma tentativa relativamente exitosa de prever decisões do Tribunal Europeu de Direitos Humanos tem como base um conjunto de 584 decisões.[53]

(b) Corrigido esse primeiro erro, que subestima as capacidades do computador, fica ainda mais patente que a objeção incorre em um segundo erro, consistente em *sobreestimar as capacidades do juiz-humano*. A rigor, a objeção de que as máquinas valoram mal baseia-se numa conceito demasiado pretensioso de o que seria uma boa decisão, cf. 2. b) bb) (1): afinal, nem sempre será possível afirmar que todos os juízes humanos valoram bem;[54] e, principalmente, inexiste base para supor que computadores que podem aprender valorações, intuições e juízo tenham de ser nesses quesitos necessariamente inferiores a seres humanos.

49. Uma tentativa de sistematização encontra-se em *Roxin/Greco*, Strafrecht - Allgemeiner Teil, vol. I, 5ª. ed., München, 2020, § 12 nm. 88a e ss.

50. *Domingos* (n. 4), p. 175, 177 e ss., 184 e s.

51. *Du Sautoy* (n. 2), p. 126 e ss. (o projeto "The Next Rembrandt" fez uso de 346 imagens como training set), 211 e s. (389 coros de Bach)

52. Vide os esforços relatados por *Misselhorn* (n. 3), p. 114 e ss.

53. *Aletras/Tsarapatsanis/Preotiuc-Pietro/Lampos*, Predicting judicial decisions of the European Court of Human Rights, PeerJ Computer Science 2:e93 https://doi.org/10.7717/peerj-cs.93; a esse respeito também *CEPEJ* (n. 32), p. 14 n. 7, p. 28 e passim; *Gabellini*, RTDPC 73 (2019), p. 1309 e s.

54. *Gless/Wohlers*, FS Kindhäuser, p. 158.

bb) Computadores falíveis e discriminatórios?

(1) A segunda reserva que já vem levantada contra o uso de algoritmos em vários setores da vida – na concessão de empréstimos bancários, na distribuição de vagas de estudante universitário, no convite para entrevistas de emprego ou nos prognósticos de reincidência (como os feitos pelo programa COMPAS, de que acima falamos) – é a de que algoritmos *falham* (abaixo [a]), ou, ainda pior: de que eles *discriminam* (abaixo [b]).

(a) A *falibilidade* dos algoritmos é quase que um lugar comum na literatura;[55] isso sem mencionar as vulnerabilidades, os problemas de segurança. Algoritmos tendem a superestimar a existência de padrões[56] – pode ser que, nas decisões sobre o dolo eventual de amostra, haja uma correlação entre as iniciais dos réus e uma determinada conclusão, em favor ou desfavor do dolo, que acabaria por ser descoberto e quiçá elevado a critério de decisão de casos futuros. Mais grave ainda são os círculos de retroalimentação (feedback loops),[57] que podem surgir com facilidade em vários setores: algoritmos funcionariam como "profecias que se autorrealizam"[58], que poriam em curso um "ciclo tóxico".[59] Isso ocorre quando as conclusões a que chega o algoritmo servem, por sua vez, de base para obter novas conclusões, e assim por diante. "Eles definem a própria realidade e a usam para justificar os seus resultados. Esse tipo de modelo é autoperpetuador, altamente destrutivo – e muito comum."[60] "Os dados, como as vítimas de tortura, contam ao interrogador aquilo que ele quer ouvir."[61]

55. *Fries*, RW 2018, p. 425; *Wischmeyer*, AöR 143 (2018), p. 23 e ss., para quem a inteligência artificial não poderá ser utilizada "já por razões de princípio ... no juízo de culpabilidade jurídico-penal" (p. 24, 35); *Lucon*, Processo virtual, transparência e accountability, in: Nunes/Lucon/Wolkart (n. 3), p. 449 e ss. (457 e ss.); *Medeiros* (n. 10), p. 609 e ss.; de uma perspectiva mais geral, *Pfitzenmaier*, Leben auf Autopilot, München, 2016, p. 18 e ss.; *Dräger/Müller-Eiselt* (n. 4), p. 40 e ss.; *Misselhorn* (n. 3), p. 134 e s.

56. *Eberl* (n. 2), p. 117 e s.

57. *O'Neil*, Weapons of Math Destruction. How Big Data Inceases Inequality and Threatens Democracy, London, 2016, p. 27, 87, 133. Sobre as reflexões dessa autora, no Brasil, *Paolinelli/Antônio* (n. 13), p. 309 e ss.

58. *Kelleher/Tierney* (n. 30), p. 192; *Dräger/Müller-Eiselt* (n. 4), p. 46 e ss.

59. *O'Neil* (n. 57), p. 27.

60. *O'Neil* (n. 57), p. 7.

61. *Foer*, World without Mind. Why Google, Amazon, Facebook and Apple Threaten Our Future, London, 2017, p. 71.

(b) Pior: os erros não são distribuídos com base em um princípio aleatório, mas se cometem de forma sistemática em desfavor dos mais fracos. Algoritmos, afirma-se criticamente, operam frequentemente de forma *discriminatória*:[62] "Eles tendem a punir os pobres".[63] Isso ocorre menos pelo fato de que os algoritmos refletiriam o sistema valorativo de seus criadores, e já pela própria matemática que os fundamenta. Ainda que o programa seja cego em relação a dados "sensíveis", como aqueles que a Constituição Federal brasileira arrola no art. 3 IV ("origem, raça, sexo, cor, idade") - o processamento de uma massa de outros dados, a estes correlacionados, faz com que os dados inicialmente desconsiderados, por assim dizer, ressuscitem e se façam perceber nas conclusões, principalmente no nível macro. O programa COMPAS é frequentemente declarado racista:[64] ele atribuiria a pessoas de pele escura, em princípio, uma maior probabilidade de reincidir. Isso ocorreria apesar de que o programa não leve em conta de forma explícita a raça do afetado; a raça se correlacionaria com fatores como morar em região de alta criminalidade, falta de emprego fixo, existência de conhecidos criminosos etc., fatores esses que estariam mais presentes em pessoas de pele escura que em outros grupos demográficos.

(2) Essas reservas têm de ser levadas a sério, mas não são, a meu ver, decisivas.

62. De forma impressionante, em especial, *O'Neil* (n. 57), p. 3, 28 e ss., que cunhou o termo "weapons of math destruction"; *Eubanks*, Automating Inequality. How High-Tech Tools Profile, Police, and Punish the Poor, New York, 2018. Cf. ademais *Kelleher/Tierney* (n. 30), p. 190 e ss.; *Ernst*, JZ 2017, 1032 e ss.; *Wischmeyer*, AöR 143 (2018), p. 26 e ss., com muitas referências na nota de rodapé 102; *Gabellini*, RTDPC 73 (2019), p. 1320 e s.; *Misselhorn* (n. 3), p. 80; *Orwat*, Diskriminierungsrisiken durch Verwendung von Algorithmen, Berlin, 2019; *Webb*, The Big Nine. How the Tech Giants & their Thinking Machines Could Warp Humanity, New York, 2019, p. 254 e s.; *Nunes*, Virada tecnológica no direito processual (da automação à transformação), in: Nunes/Lucon/Wolkart (n. 3), p. 15 ss. (36 e s. nota 68); *Paolinelli/Antônio* (n. 13), p. 309 e ss.; *Medeiros* (n. 10), p. 617 e ss.

63. *O'Neil* (n. 57), p. 8.

64. *Angwin/Larson/Mattu/Kirchner*, Machine Bias, in: https://www.propublica.org/article/machine-bias-risk-assessments-in-criminal-sentencing, de 23 de maio 2016; disso dão notícia *Martini*, Algorithmen als Herausforderung für die Rechtsordnung, in: JZ 2017, p. 1017 e ss. (1018); *Enders*, JA 2018, p. 726; *Dräger/Müller-Eiselt* (n. 4), p. 44 e ss., 148 e ss.; *Webb* (n. 62), p. 114 e ss.; *Martínez Garay*, La relación entre culpabilidad y peligrosidad, in: Maraver/Pozuelo (coords.), La culpabilidad, Buenos Aires, 2019, p. 115 e ss. (172 e ss.); *Belloso Martín* (n. 3), p. 489 e ss.; *CEPEJ* (Fn. 32), p. 66 e s.

(a) O argumento da falibilidade pode ser, ainda que não refutado, ao menos amplamente enfraquecido recordando um antigo truísmo: *errare humanum est*. A falibilidade do computador não pode ser uma razão para dispensá-lo, mas apenas uma advertência no sentido de levar a sério esse risco e enfrentá-lo com a cautela devida. Isso começa com uma cuidadosa seleção dos dados com base nos quais o programa será treinado;[65] como se diz entre os programadores, "garbage in, garbage out", "de onde entra lixo, sai lixo";[66] as conclusões do algoritmo são sempre tão boas quanto os dados com base nos quais ele foi treinado.[67] Tem-se, ademais, de prever medidas de neutralização dos círculos de retroalimentação que acima descrevemos. A ideia de uma justiça estatal automatizada até a última instância é, assim, inaceitável já por razões técnicas. Por essas razões técnicas tem de ser inserida uma "supervisão humana"[68] no sistema, o que, processualmente, poderia ser realizado por meio da previsão de um recurso a um juiz humano.[69]

É oportuno advertir a respeito de uma atitude que, ao que parece, é bastante difundida entre programadores e que, com preocupante despreocupação, é vez ou outra explicitada. Essa atitude consiste em entender erros como inevitáveis, o que importa é seguir adiante. "Como a evolução, o aprendizado de máquina não acerta sempre; na realidade, os erros são a regra, não a exceção. Mas isso é não é problema, porque descartamos os erros e prosseguimos com base nos acertos, e o que importa é o resultado que se vai acumulando."[70] Ou, com base no antigo lema do Facebook: "move fast and break things",[71] "fail fast and fail often" – ande rápido e quebre coisas, falhe

65. Segundo *Kelleher/Tierney* (n. 30), p. 65, programadores investem 79% do seu tempo no preparo dos dados iniciais. Sobre esses problemas de seleção cf. *Valentini* (n. 19), p. 542 e s.

66. *Kelleher/Tierney* (n. 30), p. 47; *Wischmeyer*, AöR 143 (2018), p. 23.

67. *Volland* (n. 37), p. 70; *Dräger/Müller-Eiselt* (n. 4), p. 135 e s. (problema da "espiral dos dados ruins").

68. *Kelleher/Tierney* (n. 30), p. 34 (human oversight); *Borges do Vale*, A tomada de decisão por máquinas: a proibição, no direito, de utilização de algoritmos não supervisionados, in: Nunes/Lucon/Wolkart (n. 3), p. 629 e ss.

69. Nessa cautela processual insistem *Gless/Wohlers*, FS Kindhäuser, p. 164. A Estônia parece que também irá realizá-la, cf. as referências na n. 9.

70. *Domingos* (n. 4), p. 65.

71. A respeito (criticamente) *Taplin*, Move Fast and Break Things: How Facebook,

rápido e falhe muito. Essa atitude, que alguns críticos caracterizam com a máxima "construa primeiro, peça perdão depois",[72] seria fatal na administração da justiça, onde aquilo que pode vir a ser quebrado é a vida dos cidadãos.

(b) Também o *argumento da discriminação* é superável. Para tanto, não será necessário nem assumir um otimismo neoliberal/libertário, que nega que os algoritmos discriminem, nem tampouco um otimismo social-democrata/solidário, que espera que se possam desenvolver algoritmos que não mais apresentem esse problema. Mesmo que os algoritmos discriminem e mesmo que isso não seja de todo evitável - isto é, mesmo com base em uma avaliação pessimista - há duas razões que pesam contra a que se deixe de utilizá-los.

(α) A primeira é que tampouco *o juiz humano* está livre de tais tentações; poder-se-ia mesmo perguntar se elas não se apresentam de forma ainda mais intensa no caso do ser humano do que no da máquina. Porque ainda que os resultados a que chega a máquina reflitam padrões inaceitáveis, pelo menos é possível excluir, com segurança, que esses resultados tenham sido almejados, isto é, provocados de forma premeditada - o que, no caso do ser humano, nunca poderemos afirmar com a mesma certeza. Por isso não é incompreensível que se manifeste a esperança de que: "os juízes-robôs poderiam, em princípio, garantir que, pela primeira vez na história, todos realmente se tornem iguais perante a lei."[73]

(β) Além disso, a objeção de que agora cuidamos não se esgota na sua dimensão de crítica à tecnologia; na verdade, essa dimensão é apenas o verniz, porque, em substância, trata-se de *crítica social*. Os algoritmos de uma sociedade injusta refletirão as injustiças ali

Google and Amazon Have Cornered Culture and Undermined Democracy, New York, 2017, que atribui o lema ao fundador do Facebook, Mark Zuckerberg; *Webb* (n. 62), p. 53 e s. (criticamente; dali eu também retiro a frase que em seguida cito).

72. *Webb* (n. 62), p. 54. Crítica similar em *Lanier*, You Are Not a Gadget, London etc., 2010, p. 51, que reclama de uma "lack of intellectual modesty in the computer science community": "An aeronautical engineer would never put a passenger in a plane based on an untested, speculative theory, but computer scientists commit analogous sins all the time."

73. *Tegmark* (n. 2), p. 105; s.a. *Wallach/Allen*, Moral Machines. Teaching Robots Right from Wrong, Oxford, 2009, p. 71; *Misselhorn* (n. 3), p. 89.

existentes; mas o mesmo se diga de universidades e hospitais, sem que do fato que eles revertam, primariamente, em favor dos grupos privilegiados e, nesse sentido, contribuam a perpetuar injustiças, derive um imperativo de fechá-los ou não mais os abrir. O fato de que sintomas reforcem e retroalimentem a causa agrava a situação, mas nada muda em que não se corrigirá a causa atacando apenas os sintomas.

b) Fundamentação ruim

Uma decisão pode ser ruim também por estar mal fundamentada. A exigência de uma boa fundamentação não é uma obviedade, mas se correlaciona com uma determinada concepção sobre a natureza do direito, à qual abaixo retornaremos (III. 2.). Afinal, parece imaginável qualificar decisões de boas apenas pelo fato de terem sido tomadas pela pessoa certa, com independência de qualquer fundamentação. Uma *concepção do direito orientada segundo a ideia de autoridade* dispensa qualquer fundamentação; ela só se se interessa pelo quem, não pelo porquê. Para uma concepção de direito fundada na ideia de racionalidade, contudo, a fundamentação é que confere juridicidade à decisão, o dado que a diferencia de um mero ato de poder. Nós nos interessamos por fundamentações, nós diferenciamos direito e poder, direito e arbítrio, juiz e oráculo, e é por isso que penso que a concepção racionalista reflete de forma mais adequada o nosso entendimento do direito.[74]

Já de uma perspectiva formal-estrutural, isto é, que abstrai de todo conteúdo, podem-se formular duas exigências para a qualidade de uma fundamentação: esta tem de ser e*m si mesma aceitável;* e ela tem de ser *aceitável em sua relação com a conclusão* que fundamenta. Poderíamos falar em aceitabilidade interna e externa. Afinal, nós criticamos decisões como mal fundamentadas quando a fundamentação apresenta erros de qualquer natureza, isto é, contradições, imprecisões, falácias etc. E mesmo que a fundamentação seja em si aceitável, pode ocorrer de ela não sustentar a conclusão, de forma que esta permaneça, literalmente, no ar. As duas objeções a que em

74. *Greco*, Strafprozesstheorie und materielle Rechtskraft, Berlin, 2015, p. 44 e s.

seguida me volto dirigem-se cada a uma dessas dimensões de qualidade de uma fundamentação.

aa) Algoritmos como black boxes (1.0): decisões sem fundamentação

Já a primeira exigência de qualidade de uma fundamentação, a de que ela seja internamente aceitável, parece de difícil obtenção com base no estado atual da técnica. Justamente nossos algoritmos mais poderosos, baseados na estrutura das redes neuronais, acima descritas (a] aa] [2] [a]), produzem no geral resultados sem que consigam informar como e porquê isso ocorre. Esses algoritmos são, assim, caixas pretas nada transparentes.[75] Algoritmos operam de forma análoga ao enxadrista ou ao boxeador, que, com base em seu sistema 1, simplesmente intuem como devem se mover, sem que sejam capazes de verbalizar posteriormente essa intuição; assim como até crianças pequenas já sabem diferenciar um cão de um gato, ainda que o lulu da pomerânia mais se assemelhe a um gato persa do que a um greyhound.

Nesse ponto se situa, é verdade, um grande problema, cuja solução tem de antecipar-se a qualquer iniciativa no sentido de introduzir o juiz robô. Afinal, na medida em que funcionarem como black boxes, os algoritmos estarão recusando ao afetado os fundamentos da decisão que o prejudica. Dito de forma clara: estar-se-á recusando ao afetado justamente aquilo que constitui a juridicidade da conclusão que o atinge, aquele fator que a diferenciaria de um mero fato de poder. Afinal, não basta comunicar ao afetado que o seu requerimento foi indeferido, porque o sistema, que foi treinado com base em uma quantidade suficiente de dados, decidiu pelo indeferimento.[76] As cada

75. De uma perspectiva jurídica, *Hoffmann-Riem*, AöR 142 (2017), p. 29 e s.; *Enders*, JA 2018, p. 726; *Martini*, JZ 2017, p. 1018; *Paolinelli/Antônio* (n. 13), p. 301 e ss.; *Valentini* (n. 19), p. 541 e ss.; *Medeiros* (n. 10), p. 604 e ss.; de uma perspectiva mais geral, *Pasquale*, The Black Box Society. The Secret Algorithms That Control Money and Information, Cambridge, Massachusetts/London, 2015; *O'Neil* (n. 57), p. 8 e s. ("ditados dos deuses algorítmicos"), 29; *Misselhorn* (n. 3), p. 80; *Webb* (n. 62), p. 111; especialmente sobre bots e softwares de notícias *Kurz/Rieger*, Autonomie und Handlungsfähigkeit in der digitalen Welt, in: Augstein (coords.), Reclaim Autonomy. Selbstermächtigung in der digitalen Weltordnung, Frankfurt a.M., 2017, p. 85 e ss. (91 e s.); com uma abordagem técnica *Mainzer* (n. 3), p. 245 e ss.

76. *Tegmark* (n. 2), p. 106 e s.

vez mais difundidas demandas por transparência algorítmica[77] ou de uma inteligência artificial explicável (explainable AI)[78] ganham, no contexto jurídico, um significado especial, pré-determinado pela própria natureza do direito.

Ainda assim, o problema me parece solucionável. Bastaria criar algoritmos transparentes; por transparência há que entender apenas a capacidade de *oferecer as razões corretas* para a solução correta.[79] Eu não vejo por que deveria ser de todo impossível para um computador formular um texto que cumpra essa exigência, uma vez que fundamentações jurídicas muitas vezes apresentam elementos que se repetem, copiados-colados, e já existem até mesmo romances literários oriundos da "pena" de uma máquina.[80]

bb) Algoritmos como black boxes (2.0.): decisões racionalizadas ou insinceras

(1) O problema talvez se encontre noutro lugar, não mais na fundamentação, e sim na relação entre fundamentação e conclusão, ou seja, não na aceitabilidade interna, e sim externa da fundamentação. Noutras palavras: ainda que o computador possa oferecer razões;

77. De uma perspectiva jurídica *Martini*, JZ 2017, p. 1020 e ss.; *Wischmeyer*, AöR 2018, p. 22, que recorda os deveres de informação constantes do art. 13 II f), do art. 14 II g) e do art. 15 I 1 h) do Regulamento Geral de Proteção de Dados Europeu (p. 42 e ss., de forma bem detalhada); de uma perspectiva filosófica *Bostrom/Yudkowsky*, The Ethics of Artificial Intelligence, in: Frankish/Ramsey (coords.), The Cambridge Handbook of Artificial Intelligence, Cambridge, 2014, p. 316 e ss. (316 e ss.); *Nida-Rümelin/Weidenfeld*, Digitaler Humanismus, 3a. ed., Berlin, 2018, p. 77 e s.; da literatura de ciência para o grande o grande público *O'Neil* (n. 57), p. 214 e passim; *Dräger/Müller-Eiselt* (n. 4), p. 182 e ss. (ali também sobre esforços pioneiros nesse sentido, p. 13 e ss.).

78. Cf. a Estratégia do Governo Federal Alemão para Inteligência Artificial (Strategie Künstliche Intelligenz der Bundesregierung), BT-Drs. 19/5880, p. 13, 16, 32, 39 e s.; cf. também *Husain*, The Sentient Machine, New York, 2017, p. 44 e ss.; *Wischmeyer*, AöR 143 (2018), p. 61; *Deeks*, The Judicial Demand for Explainable Artificial Intelligence, in: Columbia Law Review 119 (2019), p. 1829 e ss.; *Gaede*, Künstliche Intelligenz – Rechte und Strafen für Roboter?, Baden Baden, 2019, p. 27; *Strandburg*, Rulemaking and Inscrutable Automated Decision Tools, in: Columbia Law Review 119 (2019), p. 1851 e ss.; *Ferrrari/Becker*, Direito à explicação e decisões automatizadas, in: Nunes/Lucon/Wolkart (n. 3), p. 199 e ss.; *Lucon* (n. 55), p. 457 e ss.

79. Assim também *Wischmeyer*, AöR 143 (2018), p. 54 e ss.

80. Cf. *Volland* (n. 37), p. 27 e ss.

como podemos estar seguros de que se trata de *suas* razões? Assim podemos entender a objeção de *Gless* e *Wohlers*, no sentido de que o computador, ainda que ele entregue (posteriormente) uma fundamentação, não conseguirá "compreender o sentido dessa declaração".[81]

A relação entre fundamentação e conclusão pode, a rigor, ser entendida de duas maneiras. Primeiramente, pode-se tratar de uma *relação lógica,* que terá em conta se a conclusão deriva, com base nas leis do pensamento, das premissas contidas na fundamentação. Um segundo entendimento refere-se a uma *relação psicológica,* isto é, à causação da conclusão pelas premissas convertidas em motivos. A diferenciação entre contexto de justificação e contexto de descobrimento, oriunda da Filosofia da Ciência e que já foi recepcionada na Teoria do Direito, refere-se a essa diferença.[82] Não é necessário maior aprofundamento. Para nossos fins basta verificar que a correspondência entre a relação lógica e a relação psicológica representa um ideal, em que as razões para uma decisão também são os motivos para decidir, em que o juiz se deixa mover apenas pelas considerações que ele também pode publicamente aduzir. Decisões que apresentam essa correspondência são chamadas não apenas de "boas" - uma vez que essa utilização configuraria um conceito pretensioso de qualidade, cf. acima 2. b) bb) (1) - como também, mais precisamente, de *honestas ou sinceras*. Decisões que são tomadas por motivos que não conseguem ou não devem se tornar razões são criticadas como *racionalizações* - um conceito provavelmente tomado da psicanálise.[83] Alguns aspectos do fenômeno são até estudados dogmaticamente, em especial no direito da prisão cautelar, em que a discussão alemã conhece o conceito das causas apócrifas de prisão - razões inconfessáveis pelas quais se impõe, de fato, a prisão preventiva, mas que se escondem por trás do mais estreito catálogo de fundamentos previstos em lei (como a

81. *Gless/Wohlers*, FS Kindhäuser, p. 159 e ss.

82. Pioneiro, aqui, *Reichenbach*, On Probability and Induction, in: Philosophy of Science vol. 5 fasc. 1 (1938), p. 21 e ss. (36); para a discussão contemporânea *Schickore/Steinle* (coords.), Revisiting Discovery and Justification, Dordrecht, 2006; de uma perspectiva de teoria do direito (penal) *Hassemer*, Einführung in die Grundlagen des Strafrechts, 2ª. ed., München, 1990, p. 116 e ss. (com a distinção "produção" [Herstellung] e "apresentação" [Darstellung] de uma decisão).

83. Confira-se apenas *Elhardt*, Tiefenpyschologie: Eine Einführung, 18ª. ed., Stuttgart, 2016, p. 59 e ss.

fuga, o perigo de fuga ou o perigo de destruição de prova, § 112 II Strafprozessordnung, Código de Processo Penal alemão).[84] A objeção se refere a uma segunda estrutura de black-box: o juiz-robô pode oferecer razões (diversamente da black box 1.0), mas não teremos jamais como saber se essas razões foram realmente transformadas em seus motivos - de forma que se poderia falar de uma *black box 2.0.*

(2) Tampouco esse problema pode ser sobredimensionado, e isso por duas considerações.

(a) A primeira delas é que fundamentação sincera/honesta e racionalização dificilmente conseguem ser distinguidas uma da outra *nem mesmo na situação do juiz humano*.[85] "Também o homem é uma black box para os outros - e para si mesmo."[86] Enquanto não pudermos observar o que ocorre dentro da cabeça do juiz humano, será difícil, para não dizer impossível, descobrir racionalizações. Isso deixará de ocorrer apenas quando os motivos se sobrepuserem de tal maneira às razões, que a fundamentação apresente erros cuja comissão faz suspeitar da existência de motivos ocultos. Mas, nessas hipóteses, é desnecessário perguntar por motivos, pelo interno, uma vez que já existe o erro objetivamente reconhecível.

(b) Com isso chegamos quase que diretamente à segunda consideração: se há alguma esperança de distinguir entre fundamentação e racionalização, essa esperança será maior no caso do robô do que no caso do ser humano. Bastaria empenhar esforços no sentido de *desenhar programas* que não apenas produzem conclusões e fundamentações, mas que além disso *documentem cada passo* desse processo.

Não posso, na presente sede, esclarecer se será possível opor-se a esses esforços alegando um *segredo de empresa*.[87] Deixando de lado

84. Cf., por todos, *Paeffgen*, in: Wolter (coord.), Systematischer Kommentar zur Strafprozessordnung (= SK-StPO), 5ª. ed., Köln, 2016, § 112 nm. 21c.

85. *Wischmeyer*, AöR 143 (2018), p. 44 e s., 54, em sua discussão do argumento da black box.

86. *Wischmeyer*, AöR 143 (2018), p. 54.

87. Vide BGHZ 200, 38 (nm. 26 e ss.) sobre a chamada "fórmula de ranqueamento" (Scoreformel) da SCHUFA, a instituição alemã equivalente ao nosso SPC; criticamente quanto ao segredo empresarial no contexto de decisões algorítmicas prejudiciais *Kurz/ Rieger* (n. 75), p. 92, 96 e s.; *O'Neil* (n. 57), p. 29; *Wischmeyer*, AöR 143 (2018), p.

a pergunta preliminar, quanto a se o Estado sequer pode reportar-se a esse segredo, parece-me que, no presente contexto, seria, ao menos, imaginável uma objeção muito mais potente do que em outros setores (como no caso do algoritmo da SCHUFA[88]). Essa objeção seria a de que quem opta por desenvolver algoritmos para decisões jurídicas, renunciaria, com essa opção, ao segredo, enquanto a inexistência do segredo for constitutiva da juridicidade da decisão, se, noutras palavras, só a transparência diferenciasse sentença judicial de expressão oracular. Não se trata, afinal, de produzir Coca-Cola,[89] e sim direito. Se essa objeção ao final prospera, não posso aqui esclarecer de forma conclusiva. A verdadeira pergunta seria, portanto, se a exigência de que decisões jurídicas tenham não apenas de ser bem fundamentadas, mas também sinceras/honestas, é de natureza moral ou já jurídica, o que aqui não se poderá seguir examinando.

4. Conclusão intermediária

Inexistem barreiras intransponíveis à realizabilidade do juiz-robô. Não há razões que demonstrem que não seja ou venha a ser possível, de uma perspectiva fática, utilizá-lo para a finalidade de obter boas decisões judiciais.[90] Todas as objeções até agora levantadas ou se revelam tecnicamente superáveis, ou podem ser dirigidas com ainda maior ênfase a seres humanos. A introdução do juiz-robô é faticamente realizável.

64 e s., com referências específicas sobre a justiça penal na nota 260; *Lucon* (n. 55), p. 458.

88. Cf. a nota anterior.

89. Vide também *Bartlett*, The People vs. Tech, London, 2018, p. 31, que chama os segredos de empresa de "o equivalente moderno da receita da Coca-Cola".

90. Conclusão similar em *Valentini* (n. 19), p. 92 e ss., 137 e ss.

III.

A QUESTÃO DA PERMISSIBILIDADE: SERÁ O JUIZ-ROBÔ POSSÍVEL, NO SENTIDO NORMATIVO-PRESCRITIVO?

Com isso, chegamos à pergunta central, que não se refere a um poder em sentido fático, à realizabilidade, e sim a um poder em sentido normativo, à permissibilidade.[91] No presente momento, não necessitamos mais de uma razão para introduzir o juiz-robô; essa razão deriva da idoneidade dessa figura no sentido de realizar o fim acima mencionado (II.1.), que é o de produzir boas decisões judiciais, o que será, predominantemente, uma questão técnica. Necessitamos, sim, de razões para não o introduzir, apesar de sua aptidão para promover boas decisões judiciais; afinal, nem tudo o que tem boas consequências, que é útil, é também permitido. Barreiras jurídicas à introdução do juiz-robô podem apresentar-se em dois planos: no do direito positivo (abaixo 1.) e em um plano pré-positivo (abaixo 2.).[92]

91. Enfaticamente contra a atitude de "reduzir todo problema a algo técnico" *Weizenbaum* (n. 1), p. 239 (citação), 274 e ss., 300. De forma similar - a respeito de um outro problema - *Tegmark* (n. 2), p. 159. Ao que parece, também, *Gless/Wohlers*, FS Kindhäuser, p. 161.

92. Razões relativas a interesses corporativos, não necessariamente ilegítimas, relativas a diversos grupos profissionais que temem por sua obsolescência (cf., por ex., *Nunes/Rubinger/Marques*, Os perigos do uso da inteligência artificial na advocacia, ConJur

1. Barreiras jurídico-positivas?

Na *Alemanha*, o juiz-robô teria de ser introduzido por meio de uma *reforma legislativa*, não apenas por causa do conteúdo de vários dispositivos na legislação correspondente (menciono, aqui, apenas o § 9 Nr. 1 Deutsches Richtergesetz, Lei Alemã de Juízes[93]), como também pelas exigências do princípio constitucional da *reserva de lei*, derivado principalmente da ideia de estado de direito (Art. 20 III Grundgesetz = GG, Lei Fundamental alemã). Na Alemanha, a reserva de lei é entendida também como a imposição de que todas as decisões ditas "essenciais" sejam tomadas pelo parlamento.[94] Boa parte dos esforços brasileiros no sentido de introduzir o juiz-robô, que ocorrem por iniciativa dos próprios órgãos judiciais, seria assim inconstitucional de uma perspectiva alemã, já por essas razões formais, relativas à reserva de lei.

Se essas exigências formais valem também para o *Brasil*, deixo que meus colegas constitucionalistas esclareçam. Limito-me aqui a apontar que, de uma perspectiva jurídica, não vejo razão para negá-lo de pronto, ao mesmo tempo em que estou consciente de que, de uma perspectiva fática, o Brasil é um país em que o Judiciário chama para si até o direito de criar novos crimes,[95] de forma que há muito pouco que ele não tenha o poder de fazer, queira ou não o Legislativo.

Ainda assim, a introdução do juiz-robô, ocorra ela por lei ou por outro ato normativo, na Alemanha ou no Brasil, teria de ser compatível

de 9 de julho de 2018, in: https://www.conjur.com.br/2018-jul-09/opiniao-perigos-uso-inteligencia-artificial-advocacia; *Streck* [n. 24]), não são objeto de minha reflexão.

93. "Só pode ser investido na posição de juiz, quem: 1. é alemão, no sentido do art. 116 da Lei Fundamental, 2. ..". Alemão é apenas quem é cidadão alemão, cf. Art. 116 I Var. 1 GG, § 1 Staatsangehörigkeitsgesetz (Lei de nacionalidade), que só se aplicam a pessoas naturais, cf. BGH NJW 2018, 2742. Outros dispositivos pertinentes são mencionados por *Enders*, JA 2018, p. 723.

94. Fala-se em uma "teoria da essencialidade" (Wesentlichkeitstheorie), por todos, *Grzeszick*, in: Maunz/Dürig, Grundgesetz-Kommentar (situação: dez. 2007, atualização nº. 51), München, Art. 20 nm. 105 e ss.; *Schulze-Fielitz*, in: Dreier, Grundgesetz Kommentar, vol. II, 3ª. ed., Tübingen, 2015, Art. 20 nm. 113 e ss.

95. Penso especialmente na ADO 26/DF, que desaguou na criação de um delito de homofobia pelo STF – a respeito, em breve, *Gleizer/Soares/Greco/Viana*, "Não há crime sem lei anterior *ou decisão judicial* que o defina". A criminalização da homofobia pelo STF (ADO 26/DF), Madri/São Paulo, 2020-2021.

com o *direito de hierarquia superior*, o que pode parecer duvidoso de uma perspectiva *constitucional* (abaixo, a]); na Alemanha, seria ainda necessário atender às imposições do direito *europeu* (abaixo, b]).

a) Barreiras constitucionais?

Enders reporta-se a uma barreira de natureza constitucional: unicamente uma pessoa humana pode ser juiz natural (*gesetzlicher Richter)* no sentido do art. 101 I 2 da Lei Fundamental;[96] idêntica objeção poderia ser formulada com base na Constituição Brasileira, que também conhece esse princípio, derivado do art. 5º XXXVII ("não haverá juízo ou tribunal de exceção") e LIII ("ninguém será processado nem sentenciado senão pela autoridade competente") CF.[97] Ainda com base na Lei Fundamental alemã, poder-se-ia apontar para o art. 92, que determina que "o Poder Judiciário/Jurisdicional (rechtsprechende Gewalt) é confiado aos juízes".

O problema é que, assim apresentada, a argumentação configura pouco mais que uma afirmação carente de fundamento ou uma petição de princípio. O juiz-robô seria inadmissível, porque "juiz", segundo o direito constitucional, seria apenas o ser humano. Não se oferece, contudo, qualquer razão para usar esse termo com esse sentido restrito, que vá além da contingência histórico-temporal de que, à época em que foram redigidas as cartas constitucionais, o juiz-robô sequer era imaginável.[98] Essa razão só será encontrada em um plano pré-positivo, no qual adentraremos logo mais (abaixo, 2.). Adianto apenas que a reflexão que desenvolveremos será reconduzida ao direito constitucional positivo e confirmará, em parte, a violação aos mencionados dispositivos constitucionais.

96. *Enders*, JA 2018, p. 723. Por essa razão, o autor não considera constitucional nem mesmo que a IA se limite a preparar minutas de decisões – com o que, como veremos, vou em boa parte concordar (abaixo, b] bb] [1][b]).

97. A respeito, em profundidade, a *Badaró*, Juiz natural no processo penal, São Paulo, 2014.

98. Assim, de maneira especialmente clara, *Enders*, JA 2018, p. 723, cuja fundamentação se resume à frase que transcrevo: "Está claro que o juiz natural no sentido desse dispositivo é uma pessoa *natural*.[34]" Na nota de rodapé 34 são citados dois comentários à Lei Fundamental após as palavras "Nesse sentido, sem qualquer dúvida, ..."

b) Barreiras de direito europeu?

Na Alemanha, poder-se-ia apontar ainda para a proibição constante no art. 22 I do Regulamento Geral de Proteção de Dados (cf. também o art. 11 da Diretiva 2016/680), que por vezes é chamado de "regra fundamental do direito de proteção de dados":[99] "1. O titular dos dados tem o direito de não ficar sujeito a nenhuma decisão tomada exclusivamente com base no tratamento automatizado, incluindo a definição de perfis, que produza efeitos na sua esfera jurídica ou que o afete significativamente de forma similar." O problema é que esse direito é imediatamente esvaziado já na continuação do dispositivo: "O nº. 1 não se aplica se a decisão: ... b) For autorizada pelo direito da União ou do Estado-Membro a que o responsável pelo tratamento estiver sujeito, e na qual estejam igualmente previstas medidas adequadas para salvaguardar os direitos e liberdades e os legítimos interesses do titular dos dados; ou c) ...". Isso significa que o direito europeu não se opõe a uma introdução do juiz-robô, desde que isso seja "autorizado pelo direito ... do Estado-Membro".

2. Barreiras pré-positivas: incompatibilidade com a natureza do direito?

O direito positivo não resolve a questão. Isso não nos isenta da tarefa de refletir se não há razões jurídicas, ainda que anteriores ao direito positivo, que nos forcem a uma guinada em sentido contrário àquele a que até agora temos seguido, que foi sistematicamente favorável ao juiz-robô.

a) Racionalistas e voluntaristas diante da reedição da máquina de subsunção?

O argumento que acima rechaçamos (II. 3. a] aa]), de que o computador não conseguiria valorar, pode, como indicamos, não apenas ser entendido como uma referência a limitações técnicas, mas também como uma tese sobre a natureza do direito: algumas características essenciais daquilo que reconhecemos como direito não seriam

99. *Bull*, Sinn und Unsinn des Datenschutzes, Tübingen, 2015, p. 83, com referências a versões anteriores dessa regra.

realizáveis por máquinas. A ideia do juiz-robô seria uma reedição do sonho racionalista do *juiz como máquina de subsunção* - um sonho do qual já acordamos há mais de duzentos anos.

É verdade que um *jusracionalista* - definido, aqui, como um adepto da tese que não enxerga na autoridade de uma voluntas, mas no poder de convencimento da ratio o núcleo do direito, posição que confessei minha (acima, II. 3. b]) - só abandonará a máquina de subsunção, no máximo, a contragosto. Em razão disso, ele tenderá a ser mais receptivo à nova tecnologia do que alguém que compreenda o direito como expressão de autoridade ou de voluntas. Isso será especialmente o caso se a decisão obtida pela máquina for não apenas boa no sentido acima (II. 2. b) definido, isto é, tão boa quanto a humana, mas se ela, com o progresso tecnológico, até superar a decisão humana em termos de qualidade.

Ainda que os pontos de partida sejam opostos, as duas concepções sobre o direito não têm, necessariamente, de chegar a um lugar diverso. Porque também o *voluntarista*, que é quem entende haver uma primazia da autoridade e da voluntas sobre a ratio, poderá e até mesmo terá, em um segundo momento, de aderir a seu opositor. Esse segundo momento será aquele em que a autoridade, isto é, aquele cuja voluntas importa, após (ou mesmo sem) escutar as críticas à máquina de subsunção, se decide, ainda assim, por introduzi-la. O mais tardar nesse segundo momento, o voluntarista ver-se-á obrigado a recuar em suas eventuais reservas ao plano do irrelevante, do político-discricionário e não mais jurídico-vinculante, aceitando, nolens volens, que o juiz-robô pertencerá ao direito.

b) O problema central: aplicação do direito sem responsabilidade

aa) O argumento: impossibilidade jurídica de poder sem responsabilidade

A conclusão a que acabamos de chegar, que não verificou qualquer contradição entre o robô como juiz e a ideia de direito, talvez derive do manejo de uma dicotomia com a qual eu me acostumei a pensar o fenômeno jurídico, mas que parece não ser capaz de capturar, de forma direta, o cerne da questão. Este parece estar no fato de que a utilização de robôs na justiça nega uma outra dimensão fundamental daquilo que entendemos por direito: a dimensão da *responsabilidade*.

Essa ideia é tão fundamental que ela talvez paire até mesmo sobre a oposição entre voluntas e ratio.[100] Para o *voluntarista* isso parece evidente. Afinal, ele não dispõe de muito mais do que essa responsabilidade; toda autoridade responde ela mesma pelo conteúdo de sua decisão; ela não pode se esconder, doutro modo a decisão perde o seu fundamento. Já o *racionalista* parece, à primeira vista, poder esconder-se atrás das razões. Nem mesmo ele, contudo, pode desconhecer que as razões por ele aduzidas, por mais que tenham pretensão de validade universal, são, antes de tudo, suas razões, por cuja qualidade ele também tem de responder.

Parece-me possível fornecer ou ao menos esboçar uma fundamentação mais aprofundada da afirmação que acabo de avançar, de que a ideia de responsabilidade é intimamente conectada àquilo que entendemos por direito. O raciocínio consiste em recordar que compreendemos o direito como algo contraposto ao mero poder. Uma vez que o poder sempre existirá, o direito aceita esse estado de coisas como inevitável, sob a condição de que ali onde houver *poder,* ele esteja sempre *conectado* à *responsabilidade*. Essa conexão perpassa por toda a história da reflexão não apenas sobre as relações entre Estado e cidadão, como principalmente entre funcionário público e cidadão. O *Estado* se esforça, por meio de diversos modelos de justificação, no sentido de distinguir-se de um grande bando de ladrões;[101] aqui, interessam-nos menos esses modelos e mais a circunstância de que essa justificação seja por nós cobrada e reconhecida pelo destinatário da cobrança como devida. O *funcionário* justifica a sua posição por meio da ideia do cargo como officium, isto é, como serviço, como um agir em favor de outros, como algo que lhe gera obrigações que se referem à "totalidade do seu comportamento" (§ 60 I 3 Bundesbeamtengesetz – Lei Federal de Funcionários Públicos). A conexão entre poder e responsabilidade parece corresponder à estrutura da realidade moral, uma vez que ela se apresenta muito

100. Para essa oposição na história do pensamento jurídico, ainda insuperado, *Welzel*, Naturrecht und materiale Gerechtigkeit, 4ª. ed. Göttingen, 1962.

101. *Santo Agostinho*, De civitate Dei, Livro IV, Cap. 4 (citado com base em Vom Gottesstaat, DTV, trad. v. Thimme, 2007), p. 173 e s.

além do direito. Isso se enxerga no problema da teodiceia, que não é outra coisa que a pergunta quanto ao porquê de a onipotência, o poder sem limites, não gerar uma responsabilidade sem limites; e explica ao mesmo tempo a solução incorporada na doutrina cristã, que é transformação da divindade em ser humano: é apenas a partir dessa experiência compartilhada que a assunção de responsabilidade passa a tornar-se crível.

É aqui que se encontra a barreira decisiva e intransponível ao juiz-robô: diferentemente do juiz humano, o robô não responde pelo que ele decide, porque esse *ele*, a rigor, inexiste. O robô não presta contas de sua decisão, muito menos de suas razões.[102] Ele não pode olhar nos olhos de quem é afetado pelo seu exercício de poder,[103] não pode com ele travar qualquer diálogo humano,[104] nem compreendê-lo, porque a máquina nada compreende,[105] e muito menos manifestar-lhe

102. Cf., também, *Nida-Rümelin/Weidenfeld* (n. 77), p. 83 e ss.: às máquinas falta o atuar segundo as próprias razões.

103. *Turkle*, Alone Together. Why We Expect More from Technology and Less from Each Other, 3ª. ed., New York, 2017, p. 85 e ss., sobre a importância fundamental do olhar ("gaze"), enquanto criador de relações simétricas.

104. Para usar um termo central no pensamento processual de meu pai, *Leonardo Greco*, O Princípio do Contraditório, in: Estudos de Direito Processual, Campos dos Goytacazes, 2005, p. 541 e ss. (p. 545); cf. também *Weizenbaum* (n. 1), p. 18; *idem*, Wo sind sie, die Inseln der Vernunft im Cyberstrom?, Freiburg i. Br., 2006, p. 96, em sua crítica às propostas de empregar seu pioneiro programa de chat ELIZA no lugar de um psicoterapeuta.

105. *Shanahan*, The Technological Singularity, Cambridge, Massachussets/ London, 2015, p. 113 e ss.; *Nida-Rümelin/Weidenfeld* (n. 77), p. 110; próximo também *Eidenmüller*, The Rise of Robots and the Law of Humans, in: Zeitschrift für Europäisches Privatrecht (= ZEuP) 2017, p. 765 e ss. (775 e ss.). A argumentação se aproxima do conhecido experimento mental do quarto chinês, proposto por *Searle*, Minds, Brains, and Programs, in: s. Behavioral and Brain Sciences vol. 3 fasc. 3 (1980), p. 417 e ss. (citado com base em *Haugeland* [coord.], Mind Design II, Cambridge, Massachusetts/London, 1997, p. 183 e ss. [184 e ss.]). Searle pede que se imagine uma pessoa trancada em um quarto, a qual não faz a menor ideia da língua chinesa, mas que dispõe de um dicionário e de instruções para traduzir qualquer frase do chinês para a língua em que é fluente e vice-versa. Essa pessoa receberá mensagens em chinês e responderá em chinês. Ainda assim, a pessoa não sabe chinês. Com isso, Searle quer demonstrar que a inteligência artificial, que se limita a combinar símbolos que não entende, não pensa - assumindo posição diametralmente oposta à de Turing e seu jogo da imitação (cf. acima, à altura da nota 20). O argumento do quarto chinês é usado por *Nida-Rümelin/Weidenfeld* (n. 77), p. 115 e ss. como o ponto arquimédico; para uma discussão sobre esse argumento, da inabarcável literatura, *Preston/Bishop* (coords.),

respeito,[106] mas unicamente simular todas essas atitudes,[107] porque a black box (3.0.?) não é apenas opaca, e sim *vazia*.[108] Em discussões filosóficas quanto a se computadores conseguiriam pensar ou compreender, se eles seriam conscientes, às quais já retornaremos (abaixo, [1] [d]), tende a ficar desatendido que não se trata dessa capacidades, mas de algo um tanto mais banal: não apenas que a máquina nada sabe e nada pensa e nada sente, mas, principalmente, que a máquina, diversamente do ser humano, não se sabe *mortal, efêmera e vulnerável*.[109] O juiz-robô sempre será um estranho diante

Views into the Chinese Room: New Essays on Searle and Artificial Intelligence, Oxford, 2002; *Carter*, Minds and Computers. An Introduction to the Philosophy of Artificial Intelligence, Edinburgh, 2007, p. 175 e ss.

106. *Weizenbaum* (n. 1), p. 350, 351: "respeito, compreensão e amor não são problemas técnicos."

107. *Weizenbaum* (n. 28), p. 76: "O que fazemos com computadores, no geral, não passa de simulações, de modelos"; *Turkle* (n. 103), p. 101: "... tecnologia sociável ... promete amizade mas só consegue entregar fingimento. Queremos realmente viver do negócio de fabricar amigos que jamais serão amigos?"; p. 124: "... um robô não consegue fingir, porque ele só consegue fingir."; *Nida-Rümelin/Weidenfeld* (n. 77), p. 41; *Kornwachs*, Smart Robots - Smart Ethics?, in: Datenschutz und Datensicherheit (= DuD 2019), p. 332 e ss. (336); cf., entretanto. *Misselhorn* (n. 3), p. 86 e s., que atribui a máquinas "quase-opiniões" ou "quase-desejos". Sobre a simulação de sentimentos pelos chamados "cobots", já utilizados para cuidar de pessoas da terceira idade *Ramge* (n. 2), p. 75 e ss.; *Misselhorn* (n. 3), p. 136 e ss. e, principalmente, *Turkle* (n. 103), p. 103 e ss. - diga-se de passagem, um ulterior exemplo da atitude de furtar-se à própria responsabilidade, que aqui critico: entregamos nossos idosos às máquinas, com o que eles deixam de ser nosso problema (próxima *Turkle*, The Second Self. Computers and the Human Spirit, Cambridge, Massachussets/London, 2005, p. 295; enfatica e amplamente, depois, *idem* (n. 103), p. 23 e ss., 124 e s. e passim).

108. Em substância, também, *Nida-Rümelin/Weidenfeld* (n. 77), p. 108 e ss.: "Por que IAs não conseguem pensar".

109. Muito similar *Turkle* (n. 103), p. 286: "... o conhecimento da própria mortalidade e uma experiência do ciclo de vida são os que nos fazem unicamente humanos". É curioso que essas características faltem na longa lista de propriedades examinada por *Turing* (n. 20), p. 443 e ss. em sua reflexão sobre a pergunta quanto a se máquinas pensam. *Bostrom*, Die Zukunft der Menschheit, Frankfurt a.M., 2018, p. 183, as menciona rapidamente, mas afirma, sem sequer esboçar uma fundamentação, que "também um ser pós-humano ... pode ser vulnerável, dependente e limitado". Sobre a especial vulnerabilidade do ser humano no contexto da discussão mais geral em torno da dignidade humana, com a tentativa de uma recepção no direito penal, cf. *Werkmeister*, Straftheorien im Völkerstrafrecht, Baden Baden, 2015, p. 94 e ss. com as correspondentes referências. Espero não ter com isso cometido o "grande erro" denunciado por *Weizenbaum* (n. 37), p. 90 (citação), 101, de "definir o que significa ser um humano a partir daquilo que o homem pode e computador não". Cf. ademais *Turkle* (n. 107), p. 285: "Se antes éramos animais racionais, hoje somos computadores que sentem, máquinas emociais."

do cidadão;[110] como pode o robô decidir sobre a vida de um alguém, se ele literalmente não faz ideia de o que é viver? O juiz-robô significa *poder de julgar sem responsabilidade de julgador*. A conexão entre poder e responsabilidade, que perpassa por todo o direito, não pode ser desfeita justamente no Judiciário, esse "poder tamanhamente terrível entre os homens."[111]

bb) Objeções, clarificações

Parecem-me cabíveis duas linhas de ataque contra o argumento que acabo de desenvolver. A primeira questionaria a descrição de que parti, de que inexistiria responsabilidade; talvez seja possível encontrar algum sujeito responsável, que minha cruzada anti-tecnológica teria esquecido de considerar (abaixo, [1]). A segunda estratégia se move em um plano mais fundamental, vale dizer, filosófico. Ela questiona ou - de uma perspectiva ética ou ontológica - já a ideia de responsabilidade humana (abaixo, [2][a]), ou - de uma perspectiva jurídica ou política - aspectos centrais da afirmada conexão entre poder e responsabilidade (abaixo, [2][b]).

(1) A busca pelo responsável

Não haverá em algum lugar um responsável que deixamos de levar em consideração?

(a) Programadores como responsáveis?

Um primeiro candidato a responsável seria o *programador* - é nele em que se pensaria de início, se um erro no programa provocasse lesões à vida ou ao corpo de terceiros. Tal caminho é, entretanto, inviável, e isso tanto de uma perspectiva fática, quanto jurídica.

A sugestão de que o programador pudesse ser o responsável desconhece, *de uma perspectiva fática*, que os complexos programas de computador não são obra de um único técnico, mas de equipes, cuja

110. Cf. também *Weizenbaum* (n. 1), p. 282; *idem* (n. 37), p. 105; *Turkle* (n. 103), p. 85 e ss.

111. *Montesquieu*, De l'esprit des lois, in: Oeuvres complètes (Aux Éditions du Seuil, Paris, 1964), p. 527 e ss. (primeira publicação: 1748), Livre 11, Chap. 6 (p. 587).

composição é flutuante. Isso acaba tendo por consequência que não existe mais ninguém que tenha uma visão total sobre o programa e o possa compreender de forma completa.[112] Esse problema, que já fora apontado por *Weizenbaum* já década de 70, cresceu exponencialmente com a difusão de programas que aprendem de forma autônoma.[113] Poder-se-ia falar de um quarta versão do problema da black box, de uma black box 4.0. (ainda que ela se encontre no mesmo plano das duas primeiras): o fato de que programas sejam tamanhamente complexos a ponto de se tornarem intransparentes até mesmo para seus criadores.[114]

Mas também e principalmente de uma *perspectiva jurídica* mostra-se uma adicional dificuldade. Mesmo que houvesse, faticamente, um programador responsável, ele não é juiz, a quem a Lei Fundamental confia, com exclusividade, o poder judicial (Art. 92 GG). À réplica pedante de que tal não teria necessariamente de ser o caso, uma vez que poderia haver um juiz-programador, é de se treplicar que se essa pessoa fosse a responsável pelo programa com base no qual a Justiça funcionaria, ela reuniria tanto poder em sua própria pessoa que dificilmente se poderia falar em um juiz natural (Art. 101 I 2 GG; art. 5º XXXVII e LIII CF).

(b) Empresas como as responsáveis?

Uma vez que sequer existe o programador enquanto pessoa individual, poder-se-ia buscar a responsabilidade não mais em um ser humano, e sim em uma pessoa jurídica, que é quem se encontra por trás do algoritmo tanto social, como economicamente, como para o direito civil.

112. Também essa objeção já se encontra em *Weizenbaum* (n. 1), p. 63, 306 e ss. (sob o título “Programas incompreensíveis”); *idem* (n. 104), p. 116 e s.: “Afirmo que a maior parte dos sistemas de computador, desses sistemas cuja atuação se estende por todo o planeta, por ex., no setor militar, não é transparente para ninguém” (p. 116); *Misselhorn* (n. 3), p. 132: “problema das muitas mãos”.

113. Vide acima n. 32, para referências sobre o deep learning; ademais *Reichwald/Pfisterer*, Autonomie und Intelligenz im Internet der Dinge, in: Computer & Recht (= CR) 2016, p. 208 e ss.; *Kirn/Müller-Hengstenberg*, Intelligente (Software-)Agenten: Von der Automatisierung zur Autonomie? Verselbstständigung technischer Systeme, in: Multimedia und Recht (= MMR) 2014, p. 225 e ss.

114. *Fan*, Will AI Replace Us?, London, 2019, p. 70 e s.; *Webb* (n. 62), p. 110 e s.

As *objeções jurídicas* que acabamos de formular também incidem contra essa proposta. A pessoa jurídica não é juiz, muito menos juiz natural. Já as objeções fáticas parecem, à primeira vista, contornadas. Na realidade, um olhar faticamente enriquecido demostra que há problemas normativos adicionais, que se revelam tão logo perguntemos que empresas desenvolveriam o programa do juiz-robô. Na Alemanha, os predestinados seriam a Editora Beck (que administra o portal Beck-Online), a Juris-GmbH ou o grupo Wolters & Kluwer, até o dia em que o negócio se torne tão lucrativo ou promissor, a ponto de ele provocar o interesse e ser comprado por um dos grandes monopolistas globais como Google, Apple ou Amazon. Isso representaria não apenas um problema político: uma empresa, que é livre para subscrever determinados valores, que também podem ser espelhados em suas decisões de contratação, acabaria por redigir as regras segunda as quais o direito é aplicado em nome do povo, isto é, em nome de todos nós.[115] Além disso, haveria um fundamental problema de direito constitucional: afinal, ter-se-ia nada mesmo que uma *submissão do poder judicial a grupos econômicos*, o que parece inaceitável tanto a partir da ideia de juiz natural (art. 101 I 2 GG; art. 5º XXXVII e LIII CF) quanto a partir da ideia de democracia (art. 20 II GG; art. 1º caput e parágrafo único CF).[116]

A objeção perde algo de sua força, se o *algoritmo for desenvolvido pelo Estado ou pelo próprio Poder Judiciário*. Ainda assim, permanece o argumento jurídico fundado no princípio do juiz natural. Uma única e, a rigor, aparente exceção se mostra justificável: decisões algorítmicas em situações em que os tribunais são, formalmente, competentes, apesar de que materialmente se trate de *exercício de função administrativa/poder executivo*. Essas decisões podem ser relegadas à máquina dentro dos limites que isso já ocorre no direito administrativo alemão, que conhece a figura do ato administrativo completamente automatizado (§ 35a VwVfG).[117] De que decisões exatamente se

115. Esses perigos relativos à posição de domínio das grandes empresas de tecnologia são apontados de forma enfática por *Webb* (n. 62), p. 8 e s. e passim; cf. ademais *Boehme-Neßler*, Die Macht der Algorithmen und die Ohnmacht des Rechts, in: NJW 2017, p. 3031 e ss. (3036).

116. *Gless/Wohlers*, FS Kindhäuser, p. 163.

117. A respeito, cf. as referências acima, n. 8.

trata, não pode ser esclarecido na presente sede. Os comentários ao art. 92 da Lei Fundamental mencionam como exemplos de atividade administrativa nas mãos de juízes decisões sobre a execução de títulos executivos, concretamente a cominação ou imposição de multas coercitivas ou o exame quanto a se um objeto é penhorável ou não.[118] Isso talvez confirme a permissibilidade de fazer uso do juiz-robô em contextos como o de execuções fiscais, em que já existem primeiros esforços realizados por todo o Brasil.[119] O teste poderia consistir na pergunta se se parece imaginável entregar a decisão a um funcionário público não-juiz, um escrevente, um policial, um oficial de justiça ou até mesmo a um promotor de justiça; tudo aquilo que pode ser feito por um policial, um oficial de justiça ou promotor, poderá ser entregue a um robô, sem que as objeções aqui delineadas tenham incidência. Se não há outras objeções a fazer, isso teria de ser examinado em outro estudo, sobre a possibilidade jurídica não mais do juiz- e sim do funcionário público e também do promotor-robô.

Isso também explica por que *não basta prever um recurso a / uma supervisão por um juiz humano*.[120] Da mesma forma que não conferimos ao policial ou ao oficial de justiça o direito de condenar

118. Retiro os exemplos de *Hillgruber*, in: Maunz/Dürig, GG (situação: dez. 2007, atualização nº. 51), Art. 92 nm. 56. Lista mais longa em *Schulze-Fielitz* in: Dreier, Grundgesetz Kommentar, vol. III, 3ª. ed., Tübingen, 2018, Art. 92 nm. 44 e ss. Em contrapartida, *Gless/Wohlers*, FS Kindhäuser, p. 152 e ss. não enxergam um problema em delegar à máquina "decisões de rotina"; a decisão sobre a prisão preventiva não estaria compreendida por esse conceito. As considerações aqui desenvolvidas podem ser entendidas como a tentativa de preencher de conteúdo o vago conceito da decisão de rotina. Elas conseguem também dar conta da maior parte dos exemplos mencionados por *Engel*, Algorithmisierte Rechtsfindung als juristische Arbeitshilfe, in: JZ 2014, p. 1096 e ss. (1100): o autor considera a utilização de computadores no processo monitório semi-automatizado (teilautomatisiertes Mahnverfahren) segundo o § 689 I 2 da ZPO, nos requerimentos de informação sobre conteúdo de registros públicos, mas não no contexto da chamada "determinação penal" (Strafbefehl), que se trata de um procedimento simplificado, cabível diante de infrações leves provadas apenas com base em documentos, em que o juiz profere um despacho de recebimento da denúncia, despacho esse que se transformará em sentença condenatória caso o réu não recorra e não force a realização de audiência de instrução e julgamento (§§ 407 e ss. StPO). Parece-me problemático, entretanto, que o autor considere a análise de condições da ação e pressupostos processuais algo que "possivelmente" poderia ser entregue ao computador; isso significa nada menos do que antepor uma máquina entre o cidadão e seu juiz!

119. De que dão notícias *Rosa/Guasque* (n. 13), p. 68 e ss.

120. Cf. também a nota 68.

a uma pena criminal, nem mesmo de decretar uma prisão preventiva (art. 311 CPP), não podemos atribuir esse poder a uma máquina. Isso não apenas pela razão pragmática de que a decisão da máquina, tomada em velocidade e volume sobre-humano, terá a seu favor a inércia e tardará em ser modificada, mas já pela consideração principiológica de que há atos que apenas um juiz pode praticar.

Poder-se-ia objetar que também essas autoridades públicas não-judiciais têm uma responsabilidade, de modo que o argumento aqui desenvolvido teria de conduzir também à impossibilidade do promotor-, oficial de justiça- e policial-robô. Não me parece que seja esse o caso, porque o ordenamento jurídico pressupõe a todo momento que a *responsabilidade do juiz* é algo *especial*, a ponto de existirem atos que só ele pode praticar. O porquê disso tem de ser esclarecido por uma teoria da atividade jurisdicional, que, na presente investigação, posso apenas dar por pressuposta, e não desenvolver. Se não admitirmos esse pressuposto, cairemos no entendimento de que o juiz é um funcionário público como outro qualquer, isto é, de que não há porque existirem juízes. Com isso, de fato, ficará aberto o caminho para a introdução do juiz-robô, ao mesmo tempo em que fica claro que o juiz-robô se torna possível no dia em que renunciamos à ideia de juiz. Porque uma justiça que julga 280 processos com um clique de computador,[121] isto é, que possivelmente decide o destino de 280 vidas, age como administração; de justiça, definitivamente, não se cuida.

(c) O afetado como responsável?

O que dizer, entretanto, se o *afetado* consentir? Poder-se-ia atribuir a ele essa responsabilidade de que até agora sentimos falta? É possível objetar às considerações até agora desenvolvidas que elas se baseariam numa imagem idealizada de um juiz generoso, paciente, compreensivo, disposto a escutar e a dialogar, deixando de lado a triste realidade de que, para muitos, a justiça dos seres humanos é bem pior do que uma máquina. O membro de uma minoria oprimida pode enxergar no juiz-robô até mesmo sua única chance de uma decisão imparcial. Pode-se negar a esse indivíduo essa esperança de tratamento não desigual, só porque ele seria prestado por uma má-

121. Cf. o texto correspondente à n. 16.

quina, como se a alternativa, ser discriminado por um ser humano, fosse algo melhor?

A resposta me parece cogente: é claro que a ninguém pode ser imposta uma discriminação que poderia ser evitada. Temos, porém, de refletir um pouco sobre as razões por trás dessa resposta.

(α) Porque - contrariamente a uma primeira aparência - não é necessariamente o *consentimento* do afetado que, na situação descrita, fundamentaria a permissibilidade do juiz-robô. No nosso exemplo, o cidadão não tem qualquer opção; ele se entrega às mãos da máquina, da mesma forma que a vítima entrega o brilhante a quem a extorque. Se se tratar de causas penais, a relevância a ser atribuída ao consentimento dependerá, ademais, da posição adotada em relação à chamada justiça consensual/negociada, a institutos como os acordos sobre sentença ou o plea bargaining, e ao dito princípio do consenso. Quem considerar ilegítimos esses fenômenos - posição compartilhada não apenas por mim,[122] mas também, pelo menos no papel, pelo Tribunal Constitucional Federal alemão[123] - não poderá valer-se do argumento de que os afetados teriam consentido para introduzir o juiz-robô na justiça penal. A situação será, por óbvio, diversa, se o princípio do consenso for abertamente aceito, ou se seguir o caminho contraditório-salomônico-insincero do direito processual penal alemão, que rechaça o consenso na teoria, mas o pratica faticamente.[124] Fora da justiça penal, isto é, em especial em litígios de natureza cível, o consenso opera de forma similar a uma convenção de arbitragem (§ 1029 ZPO; art. 3° e ss. Lei 9307/1996); deve ser, portanto, possível legitimar o juiz-robô em condições análogas.[125] A partes

122. Extensamente, com ulteriores referências, *Greco* (n. 74), p. 261 e ss.

123. BVerfGE 133, 168 (204 nm. 65 e ss.).

124. Crítico sobre as contradições desse regime legal *Greco*, Fortgeleiteter Schmerz - Überlegungen zum Verhältnis von Prozessabsprache, Wahrheitsermittlung und Prozessstruktur, in: Goltdammer's Archiv für Strafrecht 2016, p. 1 e ss. (4 e ss.), com numerosas referências. Contra o juiz-robô na justiça penal também *Bonard de Carvalho*, A inteligência artificial na Justiça dos EUA e o Direito Penal brasileiro, in: ConJur de 10 de junho de 2018, in: https://www.conjur.com.br/2018-jun-10/claudia-bonard-inteligencia-artificial-direito-penal-brasileiro.

125. Isso significa que ele poderá ser usado também em contextos de chamada online dispute resolution (ODR), cf. a respeito *Nunes* (n. 62), p. 26 e ss., e os artigos de *Cury*, *Werneck*, *Faria/Pedron*, *Viana* e *Junquilho*, todos in: Nunes/Lucon/Wolkart (n. 3), p. 83 e ss., 105 e ss., 135 e ss., 159 e ss., 185 e ss.

poderão pôr-se de acordo com que um robô decida a controvérsia, da mesma forma que podem subtraí-la da jurisdição estatal em favor de um árbitro ou até mesmo de uma disputa de cara ou coroa. Quem pode se submeter à aleatoriedade de um lançamento de moeda, pode submeter-se à irresponsabilidade de uma máquina. Aqui se encontra uma *segunda porta de entrada* para uma permissibilidade restrita de uma justiça estatal robótica para regular certas relações contratuais, como disputas sobre direitos de passageiros de avião. Não se tratará, a rigor, do juiz (estatal)-robô, e sim do árbitro-robô.

Nem é preciso recordar que fundamentações baseadas no consenso necessitam *do consenso real, e não meramente formal, de todos os envolvidos*: o demandante não pode renunciar ao direito do demandado de ver a questão decidida por um sujeito responsável. Isso é especialmente problemático enquanto for possível impor a arbitragem por meio de *contrato de adesão*, o que o direito brasileiro, ao contrário do alemão (§ 309 Nr. 14 BGB), permite, desde que atendidos pressupostos irrisórios, como o de que a cláusula do compromisso arbitral seja negritada e especificamente assinada (art. 4° § 2° Lei 9307/1996). O consenso não pode ser usado para legitimar o surgimento velado de um sistema de duas classes, cuja existência já é denunciada em outros setores, e que consiste no seguinte: "os privilegiados ... são processados predominantemente por pessoas, as massas pelas máquinas."[126] A ideia de entregar a robôs a decisão de causas "pequenas", especialmente trabalhistas ou consumeristas, seria o estabelecimento definitivo dessa justiça de classe, em que os direitos dos pobres sequer são considerados dignos da atenção de um ser humano. É um erro reduzir o problema a uma questão de celeridade.

(β) No caso que propusemos, do sujeito que, por medo de uma discriminação por seres humanos, prefere a justiça da máquina, parece mais adequado - em especial se se tratar de um caso na justiça penal - derivar a permissibilidade do juiz-robô não do consentimento do afetado, e sim dos *princípios do estado de necessidade*. Essa postura tem a vantagem de, ao mesmo tempo, impor limites ao juiz-robô. Afinal, soluções fundadas no estado de necessidade são, no geral,

126. *O'Neil* (n. 57), p. 8. Alertando sobre os perigos de aumentar as disparidades entre litigante habitual e ocasional *Nunes* (n. 62), p. 37.

um plano B, motivo para resignação e tristeza; elas não devem, no geral, ser institucionalizadas, pelo risco de fazerem com que se perca de vista o plano A, que era o que realmente se deveria estar por realizar. Concretamente: se os nossos juízes humanos não puderem oferecer uma garantia de uma aplicação igualitária do direito, não é correto que nós aceitemos esse estado de coisas, porque, afinal, temos robôs isentos. Isso porque uma justiça não-discriminatória é *nossa responsabilidade como uma sociedade de seres humanos juridicamente constituída* - uma ideia, à qual já retornaremos (abaixo, [2][b]).

(d) Robôs como responsáveis?

Tampouco se deve cogitar de resolver o problema conjurando o deus ex machina da *máquina responsável*. É verdade que acaba de ter início uma discussão sobre a responsabilidade criminal de máquinas,[127] e que a ideia de direitos para robôs começa a ter primeiros defensores,[128] ainda que, segundo vejo, nenhum ativista engajado. Essas teses, contudo, só podem ser defendidas de forma séria - isto é, como mais de uma provocação para o debate[129] - após o sacrificium intellectus da própria humanidade. Porque, em verdade, a ideia de uma máquina responsável, culpável e titular de direitos é menos uma tese sobre máquinas do que sobre nós, seres humanos.[130]

127. Sobre a culpabilidade de máquinas *Hilgendorf*, Können Roboter schuldhaft handeln?, in: *Beck* (coord.), Jenseits von Mensch und Maschine, Baden Baden, 2012, p. 119 e ss. (128 e ss.); *Schuhr*, Willensfreiheit, Roboter und Auswahlaxiom, no mesmo volume, p. 43 e ss.; bem como *Simmler/Markwalder*, Roboter in der Verantwortung?, in: Zeitschrift für die gesamte Strafrechtswissenschaft 129 (2017), p. 20 e ss. (41 e ss.); *Hage*, Theoretical Foundations for the Responsibility of Autonomous Agents, in: Artificial Intelligence and Law 25 (2017), p. 255 e ss. (261 e ss.), e *Gaede* (n. 78), p. 64 e s., que defendem algo bem próximo daquilo que repetidamente chamei de conceito "vazio" de culpabilidade, cf. *Greco*, Opõe-se o princípio da culpabilidade à penalização de pessoas jurídicas? - Reflexões sobre a conexão entre pena e culpabilidade, trad. Gleizer, in: Greco, As razões do direito penal. Quatro estudos, Madri/São Paulo, 2019, p. 53 e ss. (58 e s.); também o filósofo *Dennett*, From Bacteria to Bach and Back, New York, 2017, p. 397 considera possível uma responsabilidade de máquinas. Para uma síntese, com as referências correspondentes, *Roxin/Greco* (n. 49), § 8 nm. 66f e s.

128. Nesse sentido, por ex., *Warwick* (n. 20), p. 143; *Bostrom/Yudkowsky* (n. 77), p. 320 e ss.; *Shanahan* (n. 105), p. 182 e ss.; *Bostrom* (n. 109), p. 99 e ss.; *Gaede* (n. 78), p. 42 e ss. (para "inteligência artificial autoconsciente"); wohl auch *Tegmark* (n. 2), p. 109; consulte-se também *Gunkel*, Robot Rights, Cambridge, Massachusetts/London, 2018.

129. Cf. ademais abaixo, nota 180.

130. Vide também *Kurzweil* (n. 37), p. 2: "A primeira questão filosófica e política

Concretamente: por trás da ideia de que máquinas podem ser responsáveis encontra-se uma visão reducionista e profundamente empobrecida do ser humano, visão essa que, a rigor, acompanha o movimento da inteligência artificial desde a sua infância.[131] O próprio Teste de Turing se baseia na convicção de que pensar é algo cuja existência se verifica da perspectiva não do sujeito pensante, e sim de um terceiro que o observa.[132] A *Marvin Minsky*, um pioneiro do MIT, atribui-se a caracterização do ser humano como uma "máquina feita de carne" (meat machine);[133] *Hans Moravec* e *Ray Kurzweil*, os dois supostos visionários do "pós-humanismo",[134] sonham com um mundo em que os seres humanos fazem backups e uploads de si mesmos,[135] como se nossa vida fosse um disco rígido. Kurzweil

do próximo século será a definição de quem somos nós"; *Husain* (n. 78), p. 167; e já *Turkle* (n. 107), p. 29, 236 e s., 294.

131. Muito crítico, com numerosas referências, *Weizenbaum* (n. 1), p. 177 e ss., 187 e ss., 226 e ss.; vide também *Lanier* (n. 72), p. 75: a ideologia que nega o enigma da existência como "falha espiritual" (spiritual failure); p. 153 e ss.: contra o "computacionalismo" (computationalism), a atitude segundo a qual "o mundo pode ser entendido com um processo computacional, e as pessoas como subprocessos". Um quadro da primeira geração dos "novos filósofos da inteligência artificial" é desenhado por *Turkle* (n. 107), p. 219 e ss.

132. Cf. especialmente *Turing* (n. 20), p. 442 e ss.: a pergunta quanto a se máquinas conseguem pensar ou não diz coisa diversa do teste por ele proposta, ou é "demasiado vazia de sentido para merecer ser discutida".

133. Retiro a expressão de *Weizenbaum* (n. 104), p. 98, que se controverte de forma crítica com esse posicionamento e similares; de forma mais extensa, *Weizenbaum* (n. 28), p. 35 e ss., 44 e ss.; cf., ademais, *Turkle* (n. 107), p. 233 e s. (que atribui a Minsky a expressão "bagunça sangrenta de matéria orgânica", bloody mess of organic matter). Sobre Minsky também *Liebig*, The Cult of Artificial Intelligence vs. the Creativity of the Human Mind, in: Fidelio 10/1 (2001), p. 4 e ss.

134. Sobre esse movimento, *Cordeiro*, Future Life Forms among Posthumans, in: Journal of Futures Studies vol. 8 fasc. 2 (nov. 2003), p. 65 e ss.; *Bostrom* (n. 109), p. 38 e ss. (ambos favoráveis). Os limites entre esse movimento e o chamado Trans-Humanismo, cujo carro-chefe é o enhancement, a "melhora" artificial de seres humanos, são fluídos; sobre esse segundo movimento *Sorgner*, Transhumanismus, Freiburg i. Br., 2016; *Göcke/Meier-Hamidi* (coords.), Designobjekt Mensch. Die Agenda des Transhumanismus auf dem Prüfstand, Freiburg i. Br., 2018. Vide também *Loh*, Trans- und Posthumanismus (Zur Einführung), Hamburg, 2019.

135. *Moravec*, Mind Children. The Future of Robot and Human Intelligence, Cambridge, Massachusetts/London, 1988, p. 108 e ss.; *Kurzweil*, The Singularity is Near. When Humans Transcend Biology, New York, 2006, p. 198 e ss., 383 e ss.; *idem*, How to Create a Mind, New York, 2013, p. 247; críticas a Moravec em *Weizenbaum* (n. 104), p. 104 e ss.; *idem* (n. 28), p. 44 e ss. Sobre o uploading também *Shanahan* (n. 105), p. 196 e ss.; *Bostrom/Yudkowsky* (n. 77), p. 324 e ss.; *Bostrom* (n. 109), p. 41 e ss.

afirma, sem hesitação, que a nossa "verdadeira natureza" seria "uma sequência de informação" (a pattern of information),[136] não "apenas um arquivo de computador", e sim "um arquivo não estático, e sim dinâmico".[137] Se o ser humano não é mais do que informação, e informação independe do substrato material que a transmite, acaba-se por dissociar o ser humano da própria corporalidade, de sua biologia, e, com isso, da própria vida: deixa de existir diferença entre nosso corpo e próteses sintéticas,[138] tornam-se concebíveis "seres humanos baseados em software",[139] uma vez que o corpo "não passa de geleia" (mere jelly).[140] Quem se opõe a essa perspectiva é qualificado de bioísta[141] ou "chauvinista do carbono",[142] com isso igualado ao racista, ridicularizado como adepto de um "bioconversadorismo"[143] ou até de um "humanismo fundamentalista".[144] O grave erro que anima essa concepção já fora repetidamente denunciado por *Weizenbaum*: "O fato de que a elite da inteligência artificial acredite que sentimentos como amor, preocupação, alegria, tristeza, que tudo o que faz a alma humana transbordar de sentimentos e emoções, possam ser transferidos, sem qualquer perda, a um artefato mecânico com cérebro de computador dá provas, penso eu, de um desprezo pela vida, de uma negação da própria experiência humana, para expressá-lo com cuidado."[145]

136. *Kurzweil* (n. 135), p. 257; ele denomina a sua filosofia de "patternism", p. 386. No mesmo sentido *Moravec* (n. 135), p. 117; *Hofstaedter*, I Am a Strange Loop, New York, 2007, p. 257 e s., 288.

137. *Kurzweil* (n. 135), p. 330. Cf. *idem* (n. 135), p. 194: "equivalência essencial entre um computador – com o software adequado – e uma mente (consciente)."

138. *Kurzweil* (n. 135), p. 203.

139. *Kurzweil* (n. 135), p. 325; *idem* (n. 37), p. 129: "Seremos software, não hardware."

140. *Moravec* (n. 135), p. 117.

141. *Bostrom*, Ethics for Intelligent Machines: A Proposal (2001), citado apud *Kurzweil* (n. 135), p. 369 (de acordo).

142. *Bostrom*, Ethical Principles in the Creation of Artificial Minds (2001; Revised 2005), acessível em: https://nickbostrom.com/ethics/aiethics.html. Cf. também *Bostrom/Yudkowsky* (n. 77), p. 322, que postulam um "princípio da não-discriminação pelo substrato" (Principle *of Substrate Non-Discrimination*): "Se dois seres têm a mesma funcionalidade e a mesma experiência consciente, e diferem apenas no substrato que as implementa, esses seres têm o mesmo status moral". O que os autores não percebem – como também é o caso de Gaede – é que esse segundo requisito, a identidade de experiência consciente, está ausente, por razões não-contingentes.

143. *Bostrom* (n. 109), p. 91 e ss.

144. *Kurzweil* (n. 135), p. 415.

145. *Weizenbaum* (n. 28), p. 42 (citação), 52 e ss. Acidamente crítico *Welzer* (n.

Weizenbaum se expressa com cuidado, o que, uma vez que o outro lado não hesitou em igualar a posição aqui defendida até mesmo ao racismo, não creio mais necessário. Por trás da ideia da responsabilidade das máquinas encontra-se nada menos do que uma *atitude genocida*[146] - o que ainda não foi enxergado pelos defensores da ideia no âmbito do direito, mas decididamente o foi pelos informáticos e filósofos que saúdam a "era pós-humana" [147] ou a nossa "libertação da biologia"[148] ou a era "em que nos tornaremos software".[149] Até mesmo isso parece pouco: afinal, trata-se não apenas da superação, diga-se, do extermínio de um genus, de algum grupo,[150] e sim da espécie homo sapiens em sua totalidade. Libertação da biologia não significa coisa diversa que *morte*. *Bostrom* o reconhece: "O resultado final pode facilmente consistir na extinção da humanidade",[151] *Minsky* e *Moravec* o aclamam: Os robôs herdarão a terra, "mas serão nossos filhos",[152] nossos "filhos da mente" (mind children).[153] Alguns (como

45), p. 181, sobre a ideia de fazer um upload de si mesmo: "o inventor dessa 'solução', Ray Kurzweil, é tido pela generalidade não como um louco varrido, e sim como um gênio, o que já é um indicador do horizonte espiritual de nosso tempo". Similar *Liebig*, in: Fidelio 10/1 (2001), p. 6: "ideia louca", "ideologia tão anti-humana quanto anti--progresso", "grotesca"; *Lanier* (n. 72) p. 29 e ss.; *Nida-Rümelin/Weidenfeld* (n. 77), p. 28: "Apenas nos seminários de filosofia ou em alguns folhetins e círculos de IA é possível afirmar a impossibilidade de distinguir ser humano e máquina". Vide também *Geraci*, Apocalyptic AI, Oxford, 2010.

146. S.a. *Shanahan* (n. 105), p. 194 e s.: "primo próximo do fanático nazista".

147. *Vinge*, The Coming Technological Singularity: How to Survive in the Post--Human Era (1993), in: https://ntrs.nasa.gov/archive/nasa/casi.ntrs.nasa.gov/19940022856.pdf . (p. 14)

148. *Shanahan* (n. 105), p. 93; assim também *Minsky*, p. 109: "Uma vez liberados das limitações da biologia, iremos ..."

149. *Kurzweil* (n. 37), p. 150.

150. A esse respeito, em detalhe, *Ambos*, Internationales Strafrecht, 5ª. ed., München, 2018, § 7 Rn. 127 e ss.

151. *Bostrom*, Superintelligence. Paths, Dangers, Strategies, Oxford, 2014, p. 141

152. *Minsky*, Will Robots Inherit the Earth?, in: Scientific American vol. 271 fasc. 4 (1994), p. 108 e ss. (113); a passagem é também por *Kurzweil* (n. 135), p. 260, que com ela concorda.

153. Cf. o livro de *Moravec* (n. 135), com o título Mind Children, por ex., p. 1: "Nós, humanos, nos beneficiaremos por um tempo de sua força de trabalho, mas, mais cedo ou mais tarde, como filhos naturais, eles vão buscar a sua própria felicidade enquanto os seus pais, envelhecendo, vão silencionamente saindo de cena. Muito pouco será perdido nessa passagem de tocha...". Em substância também *Husain* (n. 78), p. 181: nós nos transformaremos em "criadores de nova vida", e a humanidade se tornará algo

por ex. Elon Musk) perguntam, ao que parece levando-se a sério, se a nossa vida não passa de uma simulação dentro de um computador.[154]

Uma máquina, que não sabe o que é sentir dor, que não pode compreender o que significa passar anos irrecuperáveis dentro de uma prisão,[155] que nunca experimentará a decepção de ser derrotada, muito menos o quão amargo isso pode ser quando ocorre em uma situação em que se acredita ter razão, mas não se obtém reconhecimento justamente daquele que tem o poder e a autoridade para decidir a questão - considerar uma tal máquina como responsável baseia-se em uma compreensão diluída, exangue de responsabilidade, que não guarda mais qualquer ponto de contato com tudo aquilo que associamos a essa palavra e que pressupomos como óbvio no juiz humano.

O fato de atribuirmos ao inverno ou ao tempo a culpa pelas dores em nossas articulações não significa que queiramos ser entendidos literalmente. Quem afirma responsabilidade ou culpabilidade de uma máquina, entretanto, o quer;[156] com o que fica também manifesto que o responsável a quem se quer entregar o cidadão é tão consciencioso quanto o tempo.

Note-se que o argumento aqui desenvolvido não se esgota na oferta de mais um pejorativamente denominado "argument from disability";[157] ele é, sim, uma tese sobre a conditio humana, da qual

similar aos computadores antigos de hoje, que são guardados e revisitados em museus (p. 183 e s.).

154. *Prinz*, Singularity and Inevitable Doom, in: Journal of Consciousness Studies vol. 19 fasc. 7-8 (2012), p. 77 e ss. (79 e ss.; o autor pensa, ademais, que seria irracional temer a morte, querer a perpetuação da humanidade ou não querer a felicidade das máquinas, p. 85 e s.); *Bostrom* (n. 109), p. 191 e ss.

155. Outra vez *Weizenbaum* (n. 1), p. 276 e s.; *idem* (n. 28), p. 42: "Noutras palavras, há coisas que o ser humano só pode saber, porque tem um corpo". A ideia não deve ser confundida com o conhecido argumento de *Dreyfus* (Why Computers Must Have Bodies in Order to be Intelligent, Review of Metaphysics 21, 1 (1967) p. 13 e ss. [19 e ss.]; *idem*, What Computers Can't Do. The Limits of Artificial Intelligence, New York, 1972, p. 147 e ss.; *idem*, What Computers Still Can't Do. A Critique of Artificial Reason, Massachussets, 1992, p. 235 e ss.); a objeção central formulada por esse autor, de que seria impossível reconduzir o comportamento inteligente a um conjunto de regras antecipadamente formalizadas, parte de uma perspectiva top down, que justamente difere daquela que está por trás dos mais recentes avanços (vida acima, II. 3. a] aa]).

156. Cf. também *Weizenbaum* (n. 37), p. 103.

157. Vide *Warwick* (n. 20), p. 84 e s., seguindo a *Turing* (n. 20), p. 447.

as máquinas substancialmente diferem. O argumento continuará válido, mesmo se a investigação sobre a chamada Machine Consciousness[158] algum dia provocar a impressão de que máquinas conseguem pensar, ou se os esforços no sentido do chamado "embodiment"[159] chegarem a dotar as máquinas de (cinco ou mais) sentidos.[160] Algo de que se pode fazer um backup não tem porque temer pela própria - única, irrepetível - existência. E disso deriva todo o resto que nós chamamos de direito.

Traduzido de volta ao direito constitucional: a ideia de uma justiça sob a responsabilidade de máquinas é possivelmente uma violação da dimensão jurídico-objetiva da dignidade humana (art. 1 I GG; art. 1° III CF), e seguramente uma violação da dimensão tanto individual, quanto objetiva do direito a ser ouvido por um juiz (Art. 103 I GG: pretensão a "ser ouvido diante de um tribunal"; art. 5 XXXV CF: "a lei não excluirá da apreciação do Poder Judiciário lesão ou ameaça a direito"). Uma máquina não ouve, nem nada aprecia, pelo simples fato de ela nada compreende.[161] Não há direito real ao contraditório (art. 5° LV CF) diante de uma máquina.[162]

(2) Duas objeções de natureza filosófica

Toda fundamentação com pretensões de profundidade torna-se vulnerável a objeções formuladas nos diversos níveis argumentativos em que ela se move. Antecipo-me apenas a duas objeções, dirigidas contra alguns dos aspectos mais fundamentais do que aqui desenvolvi, não por serem elas as únicas possíveis, e sim porque elas oferecem

158. A respeito *Wallach/Allen* (n. 73), p. 68.

159. Ver *Wallach/Allen* (n. 73), p. 64 e ss.; *Warwick* (n. 20), p. 10 e s., 140 e s.; *Shanahan* (n. 105), p. 36 e ss.; *Misselhorn* (n. 3), p. 27 e ss., 43 e ss.; monograficamente: *Shanahan*, Embodiment and the inner life: Cognition and Consciousness in the Space of Possible Minds, Oxford, 2010; de uma perspectiva jurídica *Eidenmüller*, ZeuP 2017, p. 768 e ss.; *Gaede* (n. 78), p. 20. Nem é preciso, aqui, mencionar o campo de investigação denominado "artificial life", uma vez que ele cuida de perguntas que pouco têm em comum com aquilo se entende por vida,; a respeito, instrutivo, *Warwick* (n. 20), p. 116 e ss.; *Bedau*, Artificial life, in: Frankish/Ramsey (n. 77), p. 295 e ss.

160. *Warwick* (n. 20), p. 146 e ss. Crítico já *Weizenbaum* (n. 37), p. 105.

161. Cf. acima, n. 105.

162. Sobre o contraditório vide *Leonardo Greco* (n. 104); cf. também, bem próximo do texto, *Nunes/Marques*, Decisão judicial e inteligência artificial: é possível a automação da fundamentação?, in: Nunes/Lucon/Wolkart (n. 3), p. 551 e ss. (582 e ss.).

uma oportunidade de precisar ou mesmo complementar o próprio posicionamento.

(a) Seres humanos irresponsáveis?

Primeiramente, em um nível bastante fundamental, ontológico-ético, poder-se-ia questionar a premissa em que parece alicerçar-se toda a argumentação: a de que exista algo como um ser humano responsável. *Minsky* (em especial em sua Society of Mind[163]), *Kurzweil*[164] e cia.[165] se anteciparam em algumas décadas às neurociências,[166] qualificando o eu responsável como uma "ilusão". Essa grandeza unitária, que cada um de nós chamada de eu, seria apenas a resultante de uma multiplicidade de outros fatores aquém do nosso controle, da interação dos diversos areais de nosso cérebro.

Aqui não é o lugar adequado para posicionar-se a respeito desse desafio.[167] Basta-me esclarecer que o livre arbítrio não é uma premissa necessária do argumento apresentado. Este baseia-se, pelo contrário, na experiência da própria vulnerabilidade, que é entendida como um dado constitutivo da conditio humana, e, enquanto tal, algo que o cidadão tem de ter em comum com o seu juiz, para que este último possa assumir, de forma crível, responsabilidade por aquilo que decide.

(b) Poder sem responsabilidade individual-pessoal?

Num nível jurídico-político poder-se-ia, ao final, objetar que minhas considerações partiriam de uma *inadequada compreensão personalista-individualista de poder e de responsabilidade*. Desde que aprendemos a distinguir entre Estado e Monarca, atribuímos ao primeiro e às várias instituições que o compõem, por ex., à

163. *Minsky*, The Society of Mind, New York, 1988, p. 27, 30 und passim; s.a. *idem*, The Emotion Machine, New York, 2006, p. 298 e ss.

164. *Kurzweil* (n. 135), em especial p. 458 e ss., controvertendo-se com o argumento do quarto chinês (acima, n. 105): "Eu entendo inglês, mas nenhum de meus neurônios o faz".

165. Por ex., *Hofstaedter* (n. 136), p. 291 e s. e passim. Cf. ademais *Turkle* (n. 107), p. 265 e s.

166. Sobre essa discussão, com amplas referências, *Roxin/Greco* (n. 49), § 19 nm. 52a e ss.

167. Cf. a nota anterior.

administração/a uma repartição pública, à justiça/a um tribunal a responsabilidade pelo decidido. A concepção que apresento carregaria, assim, poeira medieval; ela caminharia de mãos dadas com o Politikos de Platão[168] ou com o modelo carismático de domínio desenhado por Max Weber,[169] apostando na virtude ou na bondade de um indivíduo, desconhecendo a solução do liberalismo moderno, que consiste em apostar em boas instituições.[170]

Uma concepção de direito que leve a sério o indivíduo tem de conseguir legitimar o poder justamente diante do indivíduo. Essa concepção, segunda a qual o Estado "existe para o ser humano",[171] não pode contentar-se em apontar para instituições como a fonte última de responsabilidade, mas tem sempre de colocar a ulterior pergunta quanto aos indivíduos responsáveis por trás da instituição. É assim que procedemos ao legitimar o Estado: o povo, do qual todo o poder emana (Art. 20 II 1 GG; Art. 1º parágrafo único CF), é o povo alemão ou brasileiro, que não se trata de uma coletividade hipostasiada, e sim de uma soma de todos os cidadãos alemães ou brasileiros. O Estado, como todo ente associativo juridicamente reconhecido, não se legitima a partir de si mesmo, por um direito originário, e sim de forma derivada, por um direito que lhe é concedido pelos indivíduos responsáveis.

E é justamente aqui que se encontra o problema fundamental dos juízes-robôs. Eles representam uma dissociação entre exercício de poder e responsabilidade individual de uma maneira até então desconhecida na história da humanidade. Até mesmo uma ditadura teologicamente fundada conhece, na autoridade carismática do seu líder, um referencial humano, uma pessoa a quem será possível dirigir-se, um rosto real (e não apenas simulado). E na democracia

168. *Platão*, O Político (versão consultada: Der Staatsmann, in: Löwenthal [coord.], Sämtl. Werke, vol. II, 1982, 294A e s. (p. 743 e ss. [793]).

169. *M. Weber*, Wirtschaft und Gesellschaft, 5ª. ed., Tübingen, 1972, p. 140 e ss.

170. Para essa lógica vide apenas, entre os clássicos, *Montesquieu* (n. 111), livro XI cap. 4 (p. 586): "Qui le dirait! la vertu même a besoin des limites"; e, entre os modernos, *Popper*, The Open Society and Its Enemies, vol. II, 5ª. ed. New Jersey, 1966, p. 131. Cf. ademais *Greco*, Tugend im Strafverfahren, in: Festschrift für Wolter, Berlin, 2013, p. 61 e ss.

171. Art. 1 I Projeto do Chiemsee para uma Lei Fundamental para uma Federação dos Estados Alemães (chamado Chiemseer Entwurf), de 1948.

liberal, há sempre seres humanos individuais por trás do Estado, e por trás de cada um deles nós mesmos, que ali os colocamos, para representar-nos. Máquinas, contudo, que aprendem de forma autônoma, autonomizam-se também de nós, seres humanos.

Na discussão sobre a inteligência artificial, usa-se o conceito de *singularidade*, para denotar o momento em que possivelmente ocorreria uma explosão de inteligência, com o que ficaria marcada a última invenção da humanidade, uma vez que todas as ulteriores invenções adviriam de máquinas que a cada segundo se tornam exponencialmente mais inteligentes.[172] Muito mais problemática do que essas preocupações - que, a meu ver, devem, sim, ser levadas a sério - é o *perigo já iminente de uma singularidade jurídica*, que consistiria no momento em que abdicaríamos, de forma definitiva, de nossa responsabilidade pelo direito, em favor de máquinas.[173] O conforto dos aparelhos de GPS fez de todos nós motoristas turistas na própria cidade; o indivíduo, enquanto sujeito de direito, direito do qual ele é o coautor, não pode dele alienar-se, como se não se tratasse de *seu* direito.

Seria errôneo entender o argumento aqui desenvolvido, de natureza ético-jurídica, como fundado em *premissas empírico-psicológicas*. É claro que existe também o problema de que o capitão de aeronave

172. Vide principalmente *Kurzweil* (n. 135), rejubilante; *Chalmers*, The Singularity: A Philosophical Analysis, in: Schneider (coord.), Science Fiction and Philosophy, 2ª. ed., London, 2016, p. 171 e ss. (primeira publicação em 2010); *Husain* (n. 78), especialmente p. 180 e ss.; cuidadoso *Bostrom* (n. 151), que fala em uma "superinteligência", por ele definida como "qualquer intelecto que enormemente ultrapasse o desempenho cognitivo de seres humanos em praticamente todas as áreas de relevo" (p.. 26); *Shanahan* (n. 105), principalmente p. 204 e ss.; preocupado *Tegmark* (n. 2), p. 44, 134 e ss. e passim; cf. ademais *Domingos* (n. 4), p. 25, que sonha com um "algoritmo mestre" (master algorithm), que seria capaz de produzir todo o conhecimento passado, presente e futuro; vide ainda *Warwick* (n. 20), p. 74 e ss.; *Ramge* (n. 2), p. 81 e ss. Alguns falam em IA forte, em contraposição à IA fraca, atualmente existente, por ex. *Warwick* (n. 20), p. 64 e s.; *Ramge* (n. 2), p. 18 e ss.

173. Bastante similar *Bartlett* (n. 89), p. 38 e s., que fala de uma "singularidade moral", que ocorreria "quando começarmos a delegar a máquinas o raciocínio substancial moral e político". Tal pode significar um "point of no return": "uma vez que comecemos a confiar na máquina, não conseguiremos mais parar". Preocupações similares são manifestadas por *Volland* (n. 37), p. 233 e ss. (principalmente com base no exemplo de robôs-artistas); *Foer* (n. 61), p. 77; *Welzer* (n. 45), p. 226 e ss.; e *Carr*, como a próxima nota de rodapé.

que confia no piloto automático, ou o médico que prefere seguir as propostas de diagnóstico e terapia que lhe entrega o computador, aos poucos desaprenderão a voar e a curar (o chamado "deskilling").[174] Esse desafortunado efeito colateral poderia ser neutralizado ou minimizado com adequadas medidas de treinamento - ao menos na teoria. O problema que orienta o meu argumento é mais profundo e impassível de neutralização.

Ainda assim, o perigo empírico-psicológico tem de ser levado a sério. Ele demonstra que devemos ter *cuidado* até mesmo com a construção de algoritmos que funcionem apenas como *auxiliares da atividade do juiz*, isto é, com o *assessor-robô*. Há propostas nesse sentido;[175] parece que o sistema Victor, acima mencionado,[176] funciona como um assessor. Reconheço que o argumento ético-jurídico que proponho não exclui de antemão que um robô elabore minutas de decisões;[177] afinal, essas decisões têm um responsável, que é quem as assina e, assim, as profere. O problema é que, diferentemente do recurso a um colaborador ou assistente humano, a quem se confia a minuta, o recurso ao algoritmo cria, já por razões relativas ao volume de minutas que ele será capaz de preparar, uma tentação quase que irresistível de aceitação acrítica do trabalho da máquina como definitivo, que se tornará ainda maior à medida em que a máquina for aperfeiçoando-se. Com isso, o assessor-robô operará como o cavalo de tróia que promoverá, de forma inevitável, uma progressiva e velada obsolescência do juiz humano, o único juiz digno desse nome, em favor da máquina.[178]

174. De forma impressionante *Carr*, The Glass Cage. How Our Computers Are Changing Us, New York/London, 2014, p. 65 e ss., que tampouco formula um argumento puramente psicológico; cf. também *idem*, The Shallows. What the Internet is Doing to our Brains, New York/London, 2011, insb. p. 211 e s., 223 e s.

175. *Valentini* (n. 19), p. 534 e ss. (p. 538), para quem "os sistemas decisórios automatizados ... se apresentam ... sobretudo como alternativa para a substituição de seus assessores e pessoal de gabinete que atuam na tarefa de computação humana consistente na análise processual, filtragem dos elementos processualmente relevantes e elaboração de minutas de decisão." O autor tece relevantes críticas também a essa utilização do algoritmo.

176. Cf. a nota 12.

177. De forma diversa, no que diz respeito à conclusão, *P. Enders*, como a nota 96.

178. Nem mencionei, no presente trabalho, o *legislador-robô*; mas os argumentos aqui desenvolvidos me parecem, em boa parte, aplicáveis também a essa distópica figura.

O fundamental é que o direito é e tem de continuar a ser obra nossa. Nenhuma máquina pode nos prescrever de que maneira nós, enquanto responsáveis, temos de conviver uns com os outros. Dessa decisão e dessa responsabilidade não podemos nos furtar. O juiz-robô seguramente não é o primeiro, mas talvez seja o último passo que daremos em uma direção errada.

IV.

CONCLUSÃO

Para concluir, um esclarecimento (1.) e uma síntese (2.):

1. Será que o que aqui desenvolvi exclui o juiz-robô *mesmo* na situação em que as *suas decisões sejam melhores do que as humanas*? A resposta é – exceção feita à triste hipótese do estado de necessidade (o. III. 2. bb] [1] [c]) – um decidido sim, e pelas mesmas razões que recusamos o ditador, ainda que ele seja um sábio,[179] e que não damos ao médico o direito de decidir de forma livre sobre o tratamento a ser dispensado ao paciente, em geral um leigo. A responsabilidade também é o ônus de tomar as próprias decisões e, com isso, de cometer os próprios erros. Esses seriam, pelo menos, *nossos* erros.

2. Minhas reflexões são, assim, um aviso de Cassandra. Nós podemos, ou em breve poderemos, faticamente, tornar o juiz humano obsoleto através de máquinas, mas não temos nem jamais teremos o direito de o fazer. Quem exerce poder sobre um outro, tem de assumir a responsabilidade que a isso corresponde, o que supera as capacidades de uma máquina, que não participa da vulnerabilidade e da efemeridade da condição humana. Justiça é algo devemos a cada

179. Diversamente, ao que parece, *Zarkadakis,* In Our Own Image. The History and Future of Artificial Intelligence, New York/London, 2015, p. 99, que sonha com um "novo contrato social", que consistiria em que nos submetêssemos a máquinas, isto é, a seres dotados de "razão perfeita e incorruptível boa vontade".

um de nós reciprocamente, enquanto seres humanos. Não podemos escapar desse dever, escondendo-nos atrás de máquinas.[180] Quaisquer passos nesse sentido devem ser, de uma perspectiva ético-jurídica, (des)qualificados como "experimentos proibidos".[181]

Nos poucos casos em que o juiz-robô não é ilegítimo, operam, em verdade, ou o consenso de todos os afetados (acima, III. 2. bb] [1] [c]) – com o que se tem, a rigor, apenas um árbitro-robô –, ou se trata apenas de atividade administrativa/executiva nas mãos de magistrados, isto é, de *escrevente- ou policial-robô* (acima, III. 2. bb] [1] [b]). O único caso aceitável de um verdadeiro juiz-robô é a triste hipótese do *estado de necessidade* (acima, III. 2. bb] [1] [c]), que outra coisa não significa que reconhecer que somos incapazes de ser verdadeiros juízes, de forma que necessitamos recorrer a simulacros.

Tampouco o *assessor-robô* é algo que deveríamos institucionalizar, porque ele gera uma tentação dificilmente resistível de uma entrega fática da tomada de decisão à máquina (acima, III. 2. bb] [2] [b]).

Concluo citando a *Weizenbaum*,[182] em passagem que desemboca de forma imediata na epígrafe do livro: "A simples pergunta quanto a se 'existe algo, que um juiz (ou um psiquiatra) sabe, que não podemos comunicar a um computador?' é uma algo monstruosamente vergonhoso. O simples fato de que ela tenha de ser impressa, ainda que apenas para denunciar a sua morbidez, é um sinal de quão mentecapta é a época em que vivemos."

180. No contexto atual da universidade alemã, em que a obtenção de recursos externos para financiar investigações é um critério relevante no momento de definir a classificação em concursos de cátedra, teria sido, certamente, mais interessante chegar à conclusão contrária. O tema da influência dos recursos externos sobre os resultados da pesquisa jurídica mereceria, diga-se de passagem, ser objeto de uma investigação corajosa de sociologia da ciência; primeiras reflexões a esse respeito em *Schünemann*, Der Kampf ums Verbandsstrafrecht in dritter Neuauflage pp., Strafverteidiger Forum 2018, p. 317 e ss. [326 e s.]).

181. Tomo esse conceito de *Turkle* (n. 103), p. 291 e ss., que o emprega para criticar a introdução de robôs para cuidar de pessoas de terceira idade.

182. *Weizenbaum* (n. 1), p. 299.

BIBLIOGRAFIA

Adrian, Aexl: Der Richterautomat ist möglich, in: Rechtstheorie 48 (2017), p. 77 e ss.

Aggarwal, Charu: Neural Networks and Deep Learning: A Textbook, New York, 2018.

Aletras, Nikolaos / Tsarapatsanis, Dimitrios / Preotiuc-Pietro, Daniel / Lampos, Vasileios: Predicting judicial decisions of the European Court of Human Rights, PeerJ Computer Science 2:e93 https://doi.org/10.7717/peerj-cs.93.

Alpaydin, Ethem: Machine Learning, Cambridge, Massachussets/London, 2016.

Ambos, Kai: Internationales Strafrecht, 5ª. ed., München, 2018.

Araújo, Fernando: Inteligência artificial e possibilidades de emulação do raciocínio jurídico, in: Lopes Rocha/Soares Pereira (coords.), Inteligência artificial e direito, Lisboa, 2020, p. 37 e ss.

Ashley, Kevin: Artificial Intelligence and Legal Analytics, Cambridge, 2017.

Badaró, Gustavo Henrique: Juiz natural no processo penal, São Paulo, 2014.

Bartlett, Jamie: The People vs. Tech, London, 2018.

Bedau, Mark: Artificial life, in: Frankish/Ramsey (coords.), The Cambridge Handbook of Artificial Intelligence, Cambridge, 2014, p. 295 e ss.

Belloso Martín, Nuria: Algoritmos predictivos al servicio de la justicia, in: Nunes/Lucon/Wolkart (coords.), Inteligência artificial e direito processual, Salvador, 2020, p. 465 e ss.

Berger, Ariane: Der automatisierte Verwaltungsakt, in: NVwZ 2018, p. 1260 e ss.

Berk, Richard / *Bleich*, Justin: Statistical Procedures for Forecasting Criminal Behavior: A Comparative Assessment, in: Criminology & Public Policy 12/3 (2013), 513 e ss.

Boehme-Neßler, Volker: Die Macht der Algorithmen und die Ohnmacht des Rechts, in: NJW 2017, p. 3031 e ss.

Bostrom, Nick: Ethical Principles in the Creation of Artificial Minds (2001; Revised 2005), acessível em: https://nickbostrom.com/ethics/aiethics.html.

_______ : Superintelligence. Paths, Dangers, Strategies, Oxford, 2014.

_______ : Die Zukunft der Menschheit, Frankfurt a.M., 2018.

Bostrom, Nick / *Yudkowsky*, Eliezer: The Ethics of Artificial Intelligence, in: Frankish/Ramsey (coords.), The Cambridge Handbook of Artificial Intelligence, Cambridge, 2014, p. 316 e ss.

Breidenbach, Stephan / *Glatz,* Florian (coords.), Rechtshandbuch Legal Tech, München, 2018;

Brynjolfsson, Erik / McAfee, Andrew: The Second Machine Age, New York, 2016;

Bues, Micha-Manuel: Artificial Intelligence im Recht, in: Hartung/Bues/Halbleib (coords.), Legal Tech, München, p. 275 e ss.

Bull, Hans-Peter: Sinn und Unsinn des Datenschutzes, Tübingen, 2015.

_______ : Über die Pläne zur flächendeckenden Technisierung der öffentlichen Verwaltung, in: CR (= Computer und Recht) 2019, p. 477 e ss.

Carr, Nicholas: The Shallows. What the Internet is Doing to our Brains, New York/London, 2011.

_______ : The Glass Cage. How Our Computers Are Changing Us, New York/London, 2014

Carter, Matt: Minds and Computers. An Introduction to the Philosophy of Artificial Intelligence, Edinburgh, 2007.

CEPEJ (European Commission for the Efficiency of Justice), European ethical Charter on the use of Artificial Intelligence in judicial systems and their environment, Strasbourg, 2019.

Chalmers, David: The Singularity: A Philosophical Analysis, in: Schneider (coord.), Science Fiction and Philosophy, 2ª. ed., London, 2016, p. 171 e ss.

Cordeiro, José Luís: Future Life Forms among Posthumans, in: Journal of Futures Studies vol. 8 fasc. 2 (nov. 2003), p. 65 e ss.

Deeks, Ashley: The Judicial Demand for Explainable Artificial Intelligence, in: Columbia Law Review 119 (2019), p. 1829 e ss.

Dennett, Daniel: From Bacteria to Bach and Back, New York, 2017.

Domingos, Pedro: The Master Algorithm, New York, 2015.

Dräger, Jörg */Müller-Eiselt*, Rakph: Wir und die intelligenten Maschinen, München, 2019.

Dreyfus, Hubert: Why Computers Must Have Bodies in Order to be Intelligent, Review of Metaphysics 21, 1 (1967) p. 13 e ss.

________ : What Computers Can't Do. The Limits of Artificial Intelligence, New York, 1972.

________ : What Computers Still Can't Do. A Critique of Artificial Reason, Massachussets, 1992.

Du Sautoy, Marcus: The Creativity Code, London, 2019.

Eberl, Ulrich: Smarte Maschinen, 2ª. ed., München, 2018.

Eidenmüller, Horst: The Rise of Robots and the Law of Humans, in: Zeitschrift für Europäisches Privatrecht 2017, p. 765 e ss.

Elhardt, Siegfried: Tiefenpyschologie: Eine Einführung, 18ª. ed., Stuttgart, 2016.

Enders, Peter: Einsatz künstlicher Intelligenz bei der juristischen Entscheidungsfindung, in: Juristische Arbeitsblätter (= JA) 2018, p. 721 e ss.

Engel, Martin: Algorithmisierte Rechtsfindung als juristische Arbeitshilfe, in: JZ 2014, p. 1096 e ss.

Eubanks, Virginia: Automating Inequality. How High-Tech Tools Profile, Police, and Punish the Poor, New York, 2018.

Fan, Shelly: Will AI Replace Us?, London, 2019.

Ferrrari, Isabela / *Becker*, Daniel: Direito à explicação e decisões automatizadas, in: Nunes/Lucon/Wolkart (coords.), Inteligência artificial e direito processual, Salvador, 2020, p. 199 e ss.

Frese, Yorck: Recht im zweiten Maschinenzeitalter, in: NJW 2015, p. 2090 e ss.

Fries, Martin: Automatische Rechtspflege, in: Rechtswissenschaft (= RW) 2018, p. 414 e ss.

Gabellini, Elena: La "comodità nel giudicare": la decisione robotica, in: Rivista Trismestrale di Diritto e Procedura Civile (= RTDPC) 73 (2019), p. 1305 e ss.

Gaede, Karsten: Künstliche Intelligenz - Rechte und Strafen für Roboter?, Baden Baden, 2019.

Geraci, Robert: Apocalyptic AI, Oxford, 2010.

Gleizer, Orlandino / *Soares,* Hugo / *Greco,* Luís / *Viana,* Eduardo: "Não há crime sem lei anterior *ou decisão judicial* que o defina". A criminalização da homofobia pelo STF (ADO 26/DF), Madri/São Paulo, 2020-2021

Gless, Sabine /*Wohlers*, Wolfgang: Subsumtionsautomat 2.0: Künstliche Intelligenz statt menschlicher Richter?, in: Festschrift für Kindhäuser, Baden Baden, 2019, p. 147 e ss.

Göcke, Paul / *Meier-Hamidi,* Frank (coords.), Designobjekt Mensch. Die Agenda des Transhumanismus auf dem Prüfstand, Freiburg i. Br., 2018.

Greco, Leonardo: O Princípio do Contraditório, in: Estudos de Direito Processual, Campos dos Goytacazes, 2005, p. 541 e ss.

Greco, Luís: Lebendiges und Totes in Feuerbachs Straftheorie, Berlin, 2009.

________: Lo vivo y lo muerto en la teoría de la pena de Feuerbach, trad. Dropulich/Béguelin, Madrid, 2015.

________: Tugend im Strafverfahren, in: Festschrift für Wolter, Berlin, 2013, p. 61 e ss.

_______: Bernd Schünemann, Penalista e Professor, in: Schünemann, Estudos de direito penal, direito processual penal e filosofia do direito, São Paulo etc., 2013, p. 5 e ss.

_______: Strafprozesstheorie und materielle Rechtskraft, Berlin, 2015.

_______: Fortgeleiteter Schmerz - Überlegungen zum Verhältnis von Prozessabsprache, Wahrheitsermittlung und Prozessstruktur, in: Goltdammer's Archiv für Strafrecht 2016, p. 1 e ss.

_______: Opõe-se o princípio da culpabilidade à penalização de pessoas jurídicas? – Reflexões sobre a conexão entre pena e culpabilidade, trad. Gleizer, in: Greco, As razões do direito penal. Quatro estudos, Madri/São Paulo, 2019, p. 53 e ss.

Grzeszick, Bernd: Art. 20. in: Maunz/Dürig, Grundgesetz-Kommentar (situação: dez. 2007, atualização nº. 51), München.

Gunkel, David: Robot Rights, Cambridge, Massachusetts/London, 2018.

Hage, Jaap: Theoretical Foundations for the Responsibility of Autonomous Agents, in: Artificial Intelligence and Law 25 (2017), p. 255 e ss.

Haft, Frithof / *Lehmann,* Hein (coords.), Das LEX-Projekt. Entwicklung eines Expertensystems, Tübingen, 1989.

Hähnchen, Susanne / *Bommel*, Robert: Digitalisierung und Rechtsanwendung, in: Juristenzeitung (= JZ) 2018, p. 335 e ss.

Hartung, Markus / *Bues,* Micha-Manuel / *Halbleib,* Gernot (coords.), Legal Tech, München. 2017.

Hassemer, Winfried: Einführung in die Grundlagen des Strafrechts, 2ª. ed., München, 1990.

Herberger, Maximilian: „Künstliche Intelligenz" und Recht, in: Neue Juristische Wochenschrift (= NJW) 2018, p. 2825 e ss.

Hilgendorf, Eric: Können Roboter schuldhaft handeln?, in: *Beck* (coord.), Jenseits von Mensch und Maschine, Baden Baden, 2012, p. 119 e ss.

Hillgruber, Christian: Art. 92, in: Maunz/Dürig, GG (situação dez. 2007, atualização nº. 51).

Höffler, Katrin: Die Herausforderungen der globalisierten Kriminalität an die Kriminologie – am Beispiel Risikoprognosen, in: Dessecker/Harrendorf/Höffler (coords.), Angewandte Kriminologie – justizbezogene Forschung, Göttingen, 2019, p. 51 e ss.

Hoffmann-Riem, Wolfgang: Verhaltenssteuerung durch Algorithmen, in: AöR 142 (2017), p. 1 e ss.

Husain, Amir: The Sentient Machine, New York, 2017.

Jordan, M.I. /*Mitchell*, T.M.: Machine Learning: Trends, Perspectives, and Prospects, in: Science Bd. 349, Heft 6245 (2015), p. 255 e ss.

Kahnemann, Daniel: Thinking, Fast and Slow, London, 2011.

Kant, Kritik der reinen Vernunft, 1780.

Kasparov, Gary: Deep Thinking, London, 2017.

Kelleher, John / *Tierney,* Brendan: Data Science, Cambridge, Massachussets/London, 2018.

Kirn, Stefan / *Müller-Hengstenberg, Claus:* Intelligente (Software-) Agenten: Von der Automatisierung zur Autonomie? Verselbstständigung technischer Systeme, in: Multimedia und Recht (= MMR) 2014, p. 225 e ss.

Kornwachs, Klaus: Smart Robots – Smart Ethics?, in: Datenschutz und Datensicherheit (= DuD 2019), p. 332 e ss.

Kotsoglu, Kyriakos: Subsumtionsautomat 2.0. Über die (Un-)Möglichkeit einer Algorithmisierung der Rechtserzeugung, JZ 2014, p. 451 e ss.

Kurz, Constanze / *Rieger*, Frank: Autonomie und Handlungsfähigkeit in der digitalen Welt, in: Augstein (coords.), Reclaim Autonomy. Selbstermächtigung in der digitalen Weltordnung, Frankfurt a.M., 2017, p. 85 e ss.

Kurzweil, Ray: The Age of Spiritual Machines, New York, 1999.

________ *:* The Singularity is Near. When Humans Transcend Biology, New York, 2006.

________ *:* How to Create a Mind, New York, 2013.

Lanier, Jaron: You Are Not a Gadget, London etc., 2010.

Larenz, Karl: Wegweiser zu richterlicher Rechtsschöpfung, FS Nikisch, 1958, p. 275 e ss.

________ : Richterliche Rechtsfortbildung als methodisches Problem, NJW 1965, p. 1 e ss.

Liebig, Gabriele: The Cult of Artificial Intelligence vs. the Creativity of the Human Mind, in: Fidelio 10/1 (2001), p. 4 e ss.

Loh, Janina: Trans- und Posthumanismus (Zur Einführung), Hamburg, 2019.

Lucon, Paulo Henrique dos Santos: Processo virtual, transparência e accountability, in: Nunes/Lucon/Wolkart (coords.), Inteligência artificial e direito processual, Salvador, 2020, p. 449 e ss.

Maia Filho, Mamede Said / *Junquilho*, Tainá Aguiar: Projeto Victor: Perspectivas de aplicação da inteligência artificial ao Direito, in: Revista de Direitos e Garantias Fundamentais, Faculdade de Direito de Vitória, v. 19, n. 3 (2018), p. 219 e ss.

Mainzer, Klaus: Künstliche Intelligenz - Wann übernehmen die Maschinen?, 2ª. ed., Berlin, 2018.

Marques Martins, João: Inteligência artificial e utilização de redes bayesianas na construção de argumentos probatórios, p. 77 e ss.

Martini, Mario: Algorithmen als Herausforderung für die Rechtsordnung, in: JZ 2017, p. 1017 e ss.

Martini, Mario / *Nink*, David: Wenn Maschinen entscheiden. Persönlichkeitsschutz in vollautomatisierten Verwaltungsverfahren, in: Neue Zeischrift für Verwaltungsrecht (= NVwZ) 2017, p. 681 e ss.

Medeiros, Nathália Roberta Fett Viana de: Uso de inteligência artificial no processo de tomada de decisões jurisdicionais, in: Nunes/Lucon/Wolkart (coords.), Inteligência artificial e direito processual, Salvador, 2020, p. 591 e e ss.

Mendes, Alexandre José / *Morais da Rosa,* Alexandre / *Otacílio da Rosa,* Izaias: Testando a Methodology Multicriteria Decision Aid - Constructivist (MCDA-C) na construção de algoritmos de apoio à estabilidade das decisões judiciais, in: Revista Brasileira de Direito/Passo Fundo, vol. 15, n. 2 (2019), p. 281 e ss.

Minsky, Marvin: Will Robots Inherit the Earth?, in: Scientific American vol. 271 fasc. 4 (1994), p. 108 e ss.

Minsky, The Society of Mind, New York, 1988.

________ : The Emotion Machine, New York, 2006.

Misselhorn, Catrin: Grundfragen der Maschinenethik, 3ª. ed. Stuttgart, 2019.

Möllers, Thomas: Juristische Methodenlehre, München, 2017.

Montesquieu, De l'esprit des lois, in: Oeuvres complètes (Aux Éditions du Seuil, Paris, 1964), p. 527 e ss. (primeira publicação 1748).

Morais da Rosa, Alexandre: A questão digital: o impacto da inteligência artificial no Direito, in: Revista de Direito da Faculdade Guanambi, vol. 6, n. 2, e259 (2019), p. 1 e ss.

Morais da Rosa, Alexandre / *Guasque*, Bárbara: O avanço da disrupção nos tribunais brasileiros, in: Nunes/Lucon/Wolkart (coords.), Inteligência artificial e direito processual, Salvador, 2020, p. 65 e ss.

Moravec, Hans: Mind Children. The Future of Robot and Human Intelligence, Cambridge, Massachusetts/London, 1988.

Nida-Rümelin, Julian / *Weidenfeld*, Nathalie: Digitaler Humanismus, 3ª. ed., Berlin, 2018.

Nilsson, Nils: The Quest for Artificial Intelligence, Oxford, 2010.

Nunes, Dierle: Virada tecnológica no direito processual (da automação à transformação), in: , in: Nunes/Lucon/Wolkart (coords.), Inteligência artificial e direito processual, Salvador, 2020, p. 15 ss.

Nunes, Dierle / *Lucon*, Paulo Henrique dos Santos / *Wolkart*, Erik Navarro (coords.), Inteligência artificial e direito processual, Salvador, 2020.

Nunes, Dierle / *Marques*, Ana Luiza Pinto Coelho: Decisão judicial e inteligência artificial: é possível a automação da fundamentação?, in: Nunes/Lucon/Wolkart (coords.), Inteligência artificial e direito processual, Salvador, 2020, p. 551 e ss.

O'Neil, Cathy: Weapons of Math Destruction. How Big Data Inceases Inequality and Threatens Democracy, London, 2016.

Orwat, Carsten: Diskriminierungsrisiken durch Verwendung von Algorithmen, Berlin, 2019.

Paeffgen, Hans-Ullrich: § 112, in: Wolter (coord.), Systematischer Kommentar zur Strafprozessordnung (= SK-StPO), 5ª. ed., Köln, 2016, § 112 *Paeffgen*, in: Wolter (coord.), Systematischer Kommentar zur Strafprozessordnung (= SK-StPO), 5ª. ed., Köln, 2016.

Pasquale, Frank: The Black Box Society. The Secret Algorithms That Control Money and Information, Cambridge, Massachusetts/London, 2015.

Paolinelli, Camilla Mattos / *Antônio*, Nacle Safar Aziz: Dilemas processuais do século XXI: Entre os cérebos eletrônicos e a implementação de garantias processuais, in: Nunes/Lucon/Wolkart (coords.), Inteligência artificial e direito processual, Salvador, 2020, p. 287 e ss.

Pfitzenmaier, Gerd: Leben auf Autopilot, München, 2016.

Philipps, Lothar: Naheliegende Anwendungen neuronaler Netzte in der Rechtswissenschaft, Jur PC 11-12/1990, p. 820 e ss.

Peters, Otto: Kritiker der Digitalisierung, Frankfurt a.M., 2012.

Platão: O Político (versão consultada: Der Staatsmann, in: Löwenthal [coord.], Sämtliche Werke, vol. II, 1982, p. 743 e ss.

Popper, Karl: The Open Society and Its Enemies, vol. II, 5ª. ed. New Jersey, 1966.

Preston, John / *Bishop,* Mark (coords.), Views into the Chinese Room: New Essays on Searle and Artificial Intelligence, Oxford, 2002.

Prinz, Jesse: Singularity and Inevitable Doom, in: Journal of Consciousness Studies vol. 19 fasc. 7-8 (2012), p. 77 e ss.

Raabe, Oliver / *Wacker,* Richard / *Oberle,* Daniel / *Baumann,* Christian / *Funk:* Christian, Recht ex machina, Berlin/Heidelberg, 2012.

Ramge, Thomas: Mensch und Maschine. Wie Künstliche Intelligenz und Roboter unser Leben verändern, 2ª. ed., Stuttgart, 2018.

Reichenbach, Hans: On Probability and Induction, in: Philosophy of Science Bd. 5 Heft 1 (1938), p. 21 e ss.

Reichwald, Julian / *Pfisterer*, Dennis: Autonomie und Intelligenz im Internet der Dinge, in: Computer & Recht (= CR) 2016, p. 208 e ss.

Rostalski, Frauke / *Völkening*, Malte: Smart Sentencing, in: Kriminalpolitische Zeitschrift (= KriPoZ) 2019, p. 265 e ss.

Roxin, Claus / *Greco*, Luís: Strafrecht - Allgemeiner Teil, vol. I, 5ª. ed., München, 2020.

Schickore, Jutta / *Steinle,* Friedrich (coords.), Revisiting Discovery and Justification, Dordrecht, 2006.

Schmidhuber, Juergen: Deep learning in neural networks: An Overview, in: Neural Networks 61 (2015), p. 85 ss.

Schuhr, Jan: Willensfreiheit, Roboter und Auswahlaxiom, in: *Beck* (coord.), Jenseits von Mensch und Maschine, Baden Baden, 2012, p p. 43 e ss.

Schulze-Fielitz, Helmuth: Art. 20, in: Dreier, Grundgesetz Kommentar, vol. II, 3ª. ed., Tübingen, 2015.

_______ : Art. 92, in: Dreier, Grundgesetz Kommentar, vol. III, 3ª. ed., Tübingen, 2018.

Schünemann, Bernd: Der Kampf ums Verbandsstrafrecht in dritter Neuauflage pp., Strafverteidiger Forum 2018, p. 317 e ss.

Searle, John: Minds, Brains, and Programs, in: s. Behavioral and Brain Sciences vol. 3 fasc. 3 (1980), p. 417 e ss. (também em *Haugeland* [coord.], Mind Design II, Cambridge, Massachusetts/London, 1997, p. 183 e ss.).

Sejnowski, Terry: The Deep Learning Revolution, Cambridge, Massachussets/London, 2018.

Shanahan, Murray: Embodiment and the inner life: Cognition and Consciousness in the Space of Possible Minds, Oxford, 2010.

_______ : The Technological Singularity, Cambridge, Massachussets/London, 2015.

Silva Oliveira, Ítalo José: Direito, lógica e inteligência artificial: por quê, como e em que medida automatizar a solução judicial de conflitos no Brasil, Tese de Doutorado UFPE, Recife, 2019.

Silver, David *et alii.*: Mastering the game of Go with deep neural networks and tree search, in: Nature vol. 529 (2016), p. 484 e ss.

_______: Mastering the game of Go without human knowledge, in: Nature vol. 550 (2017), p. 354 e ss.

_______: Mastering Chess and Shogi by Self-Play with a General Reinforcement Learning Algorithm, arXiv:1712.01815v1 [cs.AI] 5 Dec 2017.

Simmler, Monika / *Markwalder*, Nora: Roboter in der Verantwortung?, in: Zeitschrift für die gesamte Strafrechtswissenschaft 129 (2017), p. 20 e ss.

Soares Pereira, Rui: Inteligência artificial e modelos de prova, in: Lopes Rocha/Soares Pereira (coords.), Inteligência artificial e direito, Lisboa, 2020, p. 65 e ss.

Sorgner, Stefan: Transhumanismus, Freiburg i. Br., 2016.

Sousa Mendes, Paulo de: Representation of Legal Knowledge and Expert Systems in Law, in: Livro em Homenagem a Amilcar Sernadas, Lisboa, 2020, p. 23 e ss.

_______ : A representação do conhecimento jurídico, inteligência artificial e os sistemas de apoio à decisão jurídica, in: Lopes Rocha/ Soares Pereira (coords.), Inteligência artificial e direito, Lisboa, 2020, p. 51 e ss.

Staffler, Lukas / *Jany*, Oliver: Künstliche Intelligenz und Strafrechtspflege - eine Orientierung, Zeitschrift für Internationale Strafrechtsdogmatik (= ZIS) 2020, p. 164 e ss.

Strandburg, Katherine: Rulemaking and Inscrutable Automated Decision Tools, in: Columbia Law Review 119 (2019), p. 1851 e ss.

Surden, Harry: Machine Learning and Law, Washington Law Review 89 (2014), 87 e ss.

Taplin, Jonathan: Move Fast and Break Things: How Facebook, Google and Amazon Have Cornered Culture and Undermined Democracy, New York, 2017.

Tegmark, Max: Life 3.0. Being Human in the Age of Artificial Intelligence, New York, 2017.

Turing, Alan: Computing Machinery and Intelligence, in: Mind Bd. LIX, Nr. 236 (1950), p. 433 e ss.

Turkle, Sherry: *Turkle*, The Second Self. Computers and the Human Spirit, Cambridge, Massachussets/London, 2005.

________ : Alone Together. Why We Expect More from Technoloqy and Less from Each Other, 3ª. ed. , New York, 2017.

Valentini, Rômulo Soares: Julgamento por computadores?, Tese de Doutorado UFMG, Belo Horizonte, 2017.

________ : Para além do teste de turing jurídico?, in: Nunes/Lucon/Wolkart (coords.), Inteligência artificial e direito processual, Salvador, 2020, p. 533 e ss.

Vinge, Vernon: The Coming Technological Singularity: How to Survive in the Post-Human Era (1993), in: https://ntrs.nasa.gov/archive/nasa/casi.ntrs.nasa.gov/19940022856.pdf

Volland, Holger: Die kreative Macht der Maschinen, Weinheim, 2018.

Wagner, Jens: Legal Tech und Legal Robots, Berlin, 2018.

Wallach, Colin / *Allen*, Wendell: Moral Machines. Teaching Robots Right from Wrong, Oxford, 2009.

Warwick, Kevin: Artificial Intelligence. The Basics, London/New York, 2012.

Webb, Amy: The Big Nine. How the Tech Giants & their Thinking Machines Could Warp Humanity, New York, 2019.

Weber, Max: Wirtschaft und Gesellschaft, 5ª. ed., Tübingen, 1972.

Weizenbaum, Joseph: Die Macht der Computer und die Ohnmacht der Vernunft, Frankfurt a.M., 1978 (citado segundo a 9ª. ed. 1994).

________: Computermacht und Gesellschaft, Frankfurt a.M., 2001.

________: Wo sind sie, die Inseln der Vernunft im Cyberstrom?, Freiburg i. Br., 2006.

Weizenbaum, Joseph / Haefner, Klaus: Sind Computer die besseren Menschen? Ein Streitgespräch, Zürich, 1990.

Welzel, Hans: Naturrecht und materiale Gerechtigkeit, 4ª. ed., Göttingen, 1962.

Welzer, Harald: Die Smarte Diktatur, 2ª. ed., Frankfurt a.M., 2018.